Digitalt Forsvar:
Den Uundværlige Guide til Cybersikkerhed

Selim VARIŞLI

INDHOLDSFORTEGNELSE

Introduktion - **2**
Kapitel I: Netværkssikkerhed - **15**
Kapitel II: Websikkerhed - **35**
Kapitel III: E-mailsikkerhed - **80**
Kapitel IV: Datasikkerhed - **101**
Kapitel V: Skysikkerhed - **118**
Kapitel VI: Mobil enhedssikkerhed - **133**
Kapitel VII: Endpoint Security - **137**
Kapitel VIII: Identitets- og adgangsstyring (IAM) - **181**
Kapitel IX: Kryptografi - **195**
Kapitel X: Hændelsesbekæmpelse og håndtering - **207**
Kapitel XI: Forståelse af Social Engineering - **219**
Kapitel XII: Svar på almindelige spørgsmål - **229**
Kapitel XIII: Cybersikkerhedens fremtid - **244**
Konklusion - **263**

Introduktion

Den hurtige vækst af internettet og dets udbredte brug har ændret den måde, vi kommunikerer, arbejder og driver forretning på. Internettet er blevet en kritisk komponent i vores daglige liv, og vi er afhængige af det til at udføre en række opgaver såsom netbank, shopping, kommunikation og informationsdeling. Den stigende brug af internettet har dog også ført til en stigning i antallet af sikkerhedstrusler, der kan kompromittere vores privatliv og sikkerhed.

Internetsikkerhed refererer til de foranstaltninger og teknikker, der bruges til at beskytte onlinesystemer, herunder netværk, servere og individuelle enheder mod cyberangreb og andre sikkerhedstrusler. Disse sikkerhedsforanstaltninger har til formål at beskytte følsomme oplysninger, såsom finansielle data, personlige oplysninger og intellektuel ejendom mod uautoriseret adgang, tyveri eller beskadigelse.

Internetsikkerhed udvikler sig konstant, og cyberkriminelle finder altid nye måder at udnytte sårbarheder i onlinesystemer på. Derfor er det vigtigt at holde sig informeret om de seneste sikkerhedstrusler og træffe passende foranstaltninger for at beskytte dig selv mod dem. Det er en kritisk bekymring for alle, der bruger internettet. Ved at holde dig informeret om de seneste sikkerhedstrusler og træffe foranstaltninger, kan du holde dine følsomme oplysninger sikre og onlineaktiviteter sikre.

Der er flere grunde til, at internetsikkerhed er vigtig:

Beskyttelse af følsomme oplysninger: Internettet bruges til at gemme og overføre en lang række følsomme oplysninger, herunder finansielle data, personlige oplysninger og intellektuel ejendom. Hvis disse oplysninger kompromitteres, kan det føre til betydelige økonomiske tab, skade på omdømme og tab af privatliv.

Forebyggelse af cyberangreb: Internettet er et primært mål for cyberangreb, herunder hacking, malware, phishing og ransomware-angreb. Disse angreb kan forårsage betydelig skade på systemer og netværk, forstyrre driften og stjæle følsomme oplysninger.

Opretholdelse af forretningskontinuitet: Virksomheder er afhængige af internettet til kommunikation, samarbejde og drift. Hvis et cyberangreb resulterer i afbrydelse af online-systemer, kan det have en betydelig indvirkning på forretningsdriften og resultere i alvorlige økonomiske tab.

Sikring af overholdelse: Mange industrier og regeringer har regler og love, der kræver, at organisationer beskytter følsomme oplysninger og sikrer deres systemer. Manglende overholdelse af disse regler kan resultere i betydelige bøder og skade på omdømme.

Beskyttelse af national sikkerhed: Internettet er afgørende for national sikkerhed, da det bruges til at understøtte militære operationer, efterretningsindsamling og kritisk infrastruktur. Beskyttelse af onlinesystemer er afgørende for at opretholde den nationale sikkerhed.

Hvordan skal folks onlinevaner ændre sig over tid på grund af cyberkriminalitet?

I de sidste par årtier er cyberkriminalitet og angreb blevet et væsentligt problem. Som et resultat er det blevet stadig vigtigere for folk at blive mere opmærksomme på deres onlinevaner og beskytte sig selv mod potentielle cybertrusler.

Det første og vigtigste skridt folk bør tage, når det kommer til at beskytte sig selv online, er at opsætte stærke adgangskoder og to-faktor autentificering på alle deres konti. Stærke adgangskoder er ekstremt vigtige, da de giver et ekstra lag af sikkerhed mod potentielle trusler. Det er vigtigt at bruge en anden adgangskode for hver online-konto og at bruge en blanding af store og små bogstaver, tal og specialtegn. Mange mennesker bruger stadig svage adgangskoder eller bruger den samme adgangskode på tværs af flere platforme. Implementering af stærke og unikke adgangskoder kombineret med to-faktor autentificering kan forbedre sikkerheden markant. To-faktor autentificering er især vigtig, da det yderligere sikrer en konto og gør det svært for ondsindede aktører at få adgang.

Et andet vigtigt skridt, folk bør tage, er at være opmærksomme på phishing-svindel. Phishing er, når nogen forsøger at få adgang til fortrolige oplysninger eller kontooplysninger ved at sende en e-mail, der ser ud til at være fra en legitim kilde. Hvis den person, der modtager e-mailen, ikke er forsigtig, kan de give den ondsindede aktør deres oplysninger. Det er derfor vigtigt at være opmærksom på phishing-svindel og ikke klikke på links i e-mails, der ser mistænkelige ud.

Folk bør også være forsigtige med, hvilke oplysninger de deler online. Fra profiler på sociale medier til bankoplysninger er det vigtigt at begrænse mængden af personlige data, der deles på internettet. Dette skyldes, at hackere eller ondsindede aktører kan få adgang til disse oplysninger, hvilket kan føre til svigagtig aktivitet eller identitetstyveri. Med den stigende brug af internet er det vigtigere end nogensinde før at være opmærksom på, hvilke oplysninger du deler online. Internettet kan være et effektivt værktøj til at forbinde mennesker og udveksle information, men det kan også være et farligt sted, hvor personlige oplysninger let kan misbruges.

Sociale medieplatforme tilbyder en unik plads til at forbinde med venner og familie, men de kan også udsætte dig for alvorlige risici. At sende personlige oplysninger, såsom dit fulde navn, adresse eller fødselsdato, kan virke harmløst at dele med venner, men det kan være en guldgrube for cyberkriminelle, der ønsker at begå identitetstyveri eller andre ondsindede aktiviteter.

Det er også en god idé regelmæssigt at gennemgå privatlivsindstillingerne på alle onlinekonti for at sikre, at de kun deler de oplysninger, du ønsker at dele. De fleste onlinetjenester tilbyder privatlivsindstillinger, der giver brugerne mulighed for at kontrollere, hvem der kan få adgang til deres oplysninger, og hvor meget der er synligt for offentligheden. Gør dig bekendt med disse indstillinger, og sørg for, at du konfigurerer dem efter dit komfortniveau. At være forsigtig med, hvilke oplysninger der deles online, kan hjælpe med at beskytte brugernes identitet og forhindre svigagtige aktiviteter.

Overdeling på sociale medier kan tiltrække uønsket opmærksomhed fra cyberstalkere. Udgivelse af for mange detaljer om din daglige rutine eller rejseplaner kan gøre dig sårbar over for fysisk skade eller indbrud. Det er afgørende at opretholde en balance mellem at forblive forbundet og at beskytte dit privatliv.

Mange websteder og mobilapps indsamler brugerdata til forskellige formål, ofte uden fuld bevidsthed om brugeren. Vær forsigtig, når du giver tilladelser til tredjepartsapps, da de kan få adgang til følsomme oplysninger, hvilket kan føre til potentielle databrud eller misbrug.

Der er en definition, der hedder digitalt fodaftryk. Det refererer til de spor af information, du efterlader, mens du engagerer dig online. Det inkluderer din sociale medieaktivitet, onlinekøb, søgehistorik og meget mere. Selvom det tilsyneladende er uskadeligt, kan disse oplysninger stykkes sammen af ondsindede aktører for at skabe en omfattende profil af din identitet, præferencer og vaner.

En kumulering af psykologiske manipulationstaktikker kaldet social engineering, der bruges af cyberkriminelle til at narre individer til at videregive følsomme oplysninger eller udføre specifikke handlinger. Phishing er en almindelig form for social engineering, hvor svigagtige e-mails, beskeder eller websteder efterligner legitime enheder for at udtrække personlige data, loginoplysninger eller økonomiske oplysninger. At identificere phishing-forsøg kan være udfordrende, da angribere er blevet dygtige til at skabe overbevisende beskeder. Ikke desto mindre kan det være afgørende at lære at spotte røde flag såsom mistænkelige webadresser, dårlig grammatik og uventede anmodninger om personlige oplysninger for at forhindre phishing-angreb.

Brugere bør være på vagt over for ondsindede websteder. Websites, der er designet til at fremstå legitime, men som faktisk er ondsindede, er kendt som "spoofing-websteder", der er oprettet af hackere for at stjæle dine personlige oplysninger eller inficere din computer med malware. Disse websteder bruger ofte logoer, skrifttyper og farver, der ligner det rigtige websted. De kan være meget overbevisende, og det kan være svært at kende forskel på en spoofing-side og den rigtige. Når du har indtastet dine personlige oplysninger på et spoofing-websted, kan hackerne bruge dem til at stjæle din identitet eller få adgang til dine finansielle konti.

Ud over at være forsigtig, når du surfer på internettet, er det vigtigt at holde din computer opdateret med de seneste sikkerhedsrettelser og opdateringer. Dette kan hjælpe med at forhindre sårbarheder, der kan udnyttes af cyberkriminelle. Du bør også bruge stærke og unikke adgangskoder til alle dine onlinekonti og aktivere to-faktor-godkendelse, hvor det er muligt.

Hvis du har mistanke om, at du har været offer for et cyberangreb, eller at dine personlige oplysninger er blevet kompromitteret, er det vigtigt at handle hurtigt. Du bør kontakte din bank for at rapportere enhver mistænkelig aktivitet og ændre dine adgangskoder til alle dine konti.

Brugere bør også være opmærksomme på de potentielle farer ved offentlige Wi-Fi-netværk. De er tilgængelige næsten overalt i disse dage, men de er ikke sikre og kan tilgås af alle på det samme netværk. Det betyder, at enhver information, der sendes over et offentligt Wi-Fi-netværk, er sårbar over for ondsindede aktører. Hackere kan nemt opsnappe følsomme oplysninger såsom adgangskoder, kreditkortnumre og andre personlige data, hvilket efterlader brugere åbne for identitetstyveri og svindel. Derfor er det vigtigt at undgå at få adgang til følsomme oplysninger såsom netbank og shopping på offentlige Wi-Fi-netværk.

En anden måde at beskytte sig selv, mens du bruger offentlig Wi-Fi, er at bruge et virtuelt privat netværk (VPN). En VPN er en tjeneste, der skaber en sikker og krypteret forbindelse mellem brugerens enhed og internettet. VPN'er er bredt tilgængelige, og mange er gratis at bruge. Ved at bruge en VPN kan brugere holde deres onlineaktiviteter private og sikre, selv når de bruger offentlige Wi-Fi-netværk. VPN'er er en effektiv måde at beskytte sig selv mod cyberangreb og identitetstyveri, mens man bruger offentlige Wi-Fi-netværk.

Cybersikkerhedstrusler er ikke begrænset til enkeltpersoner, men påvirker også virksomheder og organisationer. Virksomheder og organisationer skal implementere effektive cybersikkerhedsforanstaltninger for at beskytte deres netværk, følsomme data og kunders personlige oplysninger. Dette omfatter brug af firewalls, antivirussoftware, indtrængendetekterings- og forebyggelsessystemer og andre sikkerhedsforanstaltninger til at opdage og forhindre cyberangreb.

Det bliver stadig vigtigere for brugerne at være opmærksomme på deres onlinevaner, efterhånden som cyberkriminalitet er blevet mere almindelig. Cybersikkerhed er et væsentligt aspekt af det moderne liv. Med den stigende afhængighed af teknologi fortsætter risiciene forbundet med cyberangreb med at vokse. Ved at tage de nødvendige forholdsregler, holde os orienteret om de seneste trends og trusler og anvende nye teknologier, kan vi beskytte os selv og vores følsomme oplysninger mod cybertrusler. Fremtiden for cybersikkerhed er lovende, og det er op til os at være på forkant og sikre, at vores digitale liv forbliver trygt og sikkert.

--- o ---

Denne bog er opdelt i flere kapitler, der dækker de væsentlige begreber og teknologier relateret til internetsikkerhed. Kapitlerne er organiseret i en logisk rækkefølge, der bygger på hinanden for at give en omfattende forståelse af emnet. Det følgende er et kort resumé af hvert kapitel.

Kapitel I: Netværkssikkerhed

Netværkssikkerhed er praksis med at beskytte netværk mod ondsindet aktivitet, såsom uautoriseret adgang, afbrydelse og ændring. Det omfatter de processer og teknologier, der bruges til at sikre netværksinfrastrukturen, såsom routere, firewalls og indtrængningsdetektionssystemer. Et sikkert netværk bør designes og implementeres for at sikre fortrolighed, integritet, tilgængelighed og ansvarlighed for de data, der transmitteres over netværket.

Kapitel II: Websikkerhed

E-mailsikkerhed er processen med at beskytte e-mails mod ondsindede aktiviteter, såsom spam, phishing, malware og andre cybertrusler. Det involverer brug af forskellige værktøjer og teknologier, såsom kryptering, autentificering og anti-malware-software, for at sikre, at e-mails er sikre og kun kan tilgås af autoriserede brugere.

Kapitel III: E-mailsikkerhed

I dette kapitel undersøger vi de vigtigste begreber og teknologier relateret til e-mail-sikkerhed. Vi diskuterer de forskellige typer e-mail-angreb, komponenterne i en sikker e-mail-infrastruktur og bedste praksis for sikring af e-mail-systemer.

Kapitel IV: Datasikkerhed

Datasikkerhed er praksis med at beskytte data mod uautoriseret adgang eller tab. Det involverer brugen af forskellige værktøjer og teknologier, såsom kryptering, autentificering og adgangskontrol for at beskytte data mod ondsindede angreb. Datasikkerhed involverer også implementering af politikker og procedurer for at sikre, at dataene forbliver sikre og kun tilgængelige for autoriserede brugere.

Kapitel V: Skysikkerhed

Cloud-sikkerhed er afgørende for at beskytte data og applikationer, der hostes på cloud computing-platforme. Komponenterne i en sikker cloud-infrastruktur omfatter godkendelses-, autorisations- og krypteringsteknologier samt adgangskontrol, indtrængningsdetektion og aktivitetslogning. Disse komponenter arbejder sammen for at give et robust lag af sikkerhed, der kan hjælpe med at beskytte mod ondsindede angreb. Uden ordentlige sikkerhedsforanstaltninger på plads kan organisationer være sårbare over for ondsindede angreb, databrud og datatyveri. Et af de vigtigste aspekter af cloud-sikkerhed er at forstå de forskellige typer af cloud-angreb. Disse kan variere fra ondsindede insidere til denial-of-service-angreb, og det er vigtigt at være opmærksom på de forskellige trusler, når man designer en sikker cloud-infrastruktur. Ved at forstå de forskellige typer af cloud-angreb og komponenterne i en sikker cloud-infrastruktur kan organisationer sikre, at deres cloud-baserede systemer er beskyttet mod ondsindede angreb.

Kapitel VI: Mobil enhedssikkerhed

Udviklingen inden for mobilteknologi har revolutioneret den måde, vi kommunikerer og interagerer med verden omkring os på. Men med denne bekvemmelighed og adgang til data følger truslen om cyberangreb og ondsindede aktører, der ønsker at udnytte sikkerhedssårbarheder. Mobil enhedssikkerhed er et kritisk emne i den moderne tidsalder. I takt med at brugen af mobile enheder fortsætter med at vokse, stiger risikoen for ondsindede angreb også. For at beskytte mobile enheder mod disse trusler er det vigtigt at forstå de forskellige typer af mobile enhedsangreb, komponenterne i en sikker mobil infrastruktur og bedste praksis for sikring af mobile enheder. Vi vil se på det grundlæggende i sikkerhedsprotokoller, kryptering og autentificering, samt de mere avancerede emner om malware-detektion, fortrolighedsbestemmelser og risikostyringsstrategier.

Kapitel VII: Endpoint Security

Slutpunktsikkerhed er designet til at beskytte en organisations slutpunktsenheder (såsom bærbare computere, tablets og mobiltelefoner) mod ondsindede angreb. Ved at bruge en kombination af hardware- og softwareteknologier kan organisationer sikre deres endpoint-enheder mod eksterne trusler som malware, vira og andre ondsindede aktører. Endpoint-sikkerhed er især vigtig i nutidens digitale verden, da antallet af enheder forbundet til internettet konstant vokser. Med flere enheder følger en øget risiko for angreb, hvorfor det er vigtigt for organisationer at have en omfattende endpoint-sikkerhedsløsning på plads. Endpoint-sikkerhedsløsninger bør omfatte både proaktive og reaktive foranstaltninger til beskyttelse mod ondsindede trusler. Proaktive foranstaltninger omfatter patching og antivirussoftware, mens reaktive foranstaltninger omfatter indtrængningsdetektion og brugergodkendelse. Vi vil undersøge de forskellige aspekter af slutpunktssikkerhed, herunder de teknologier, der bruges til at beskytte slutpunktsenheder, hvordan man implementerer dem, og hvordan man overvåger deres effektivitet.

Kapitel VIII: Identitets- og adgangsstyring (IAM)

IAM er en kritisk komponent i cybersikkerhed, da det giver en sikker måde at administrere brugerkonti og adgang til digitale ressourcer på. IAM-systemer giver administratorer mulighed for at opsætte og vedligeholde kontrol over autentificering, autorisation og adgangskontrol af brugere og digitale ressourcer. IAM gør det muligt for organisationer at beskytte deres digitale ressourcer mod uautoriseret adgang, samtidig med at de sikrer, at autoriserede brugere kan få adgang til de ressourcer, de har brug for. IAM-systemer omfatter generelt brugergodkendelse og -autorisation, adgangskodepolitikker, identitets- og adgangsstyringssystemer, brugeradgangsstyring, single sign-on (SSO) og mere. Brugergodkendelse og -autorisation sikrer, at kun autoriserede brugere kan få adgang til digitale ressourcer, mens adgangskodepolitikker sætter regler og retningslinjer for brugeradgangskoder. Vi vil diskutere vigtigheden af IAM, de forskellige komponenter i IAM-systemer og bedste praksis for at bruge dem.

Kapitel IX: Kryptografi

Kryptografi bruges til at beskytte følsomme data mod uautoriseret adgang, samt til at verificere integriteten af data. Kryptografi er kunsten og videnskaben at transformere almindelig tekst til ulæselig kodning, kendt som chiffertekst. Dette forhindrer effektivt nogen i at forstå dataene uden en dekrypteringsnøgle. Kryptografi bruges til at beskytte data i transit, lagret i databaser eller lagret på fysiske medier. Derudover bruges kryptografi også til at autentificere brugere, skabe digitale signaturer og sikre sikker kommunikation mellem to parter. Kryptografi er et område i konstant udvikling, da nye teknologier og algoritmer jævnligt udvikles, hvilket giver mulighed for mere sikre former for kryptering. Vi vil udforske det grundlæggende i kryptografi og brugen af kryptografi i cybersikkerhedsområdet.

Kapitel X: Hændelsesbekæmpelse og håndtering

Hændelsesrespons og håndtering er en væsentlig komponent i enhver cybersikkerhedsstrategi. Formålet med hændelsesreaktion og -styring er at give en klar og organiseret måde at opdage, reagere på og afbøde enhver cybersikkerhedshændelse, brud eller trusler. Hændelsesbekæmpelse og håndtering involverer identifikation, indeslutning og udryddelse af disse trusler samt undersøgelse og analyse af årsagerne til hændelsen eller truslen. Det omfatter også udvikling af forskellige politikker og procedurer for at sikre, at enhver sikkerhedshændelse håndteres korrekt og effektivt. Vi vil undersøge det grundlæggende i hændelsesrespons og håndtering og give et overblik over de forskellige processer og procedurer, der kræves for effektivt at reagere på og håndtere enhver cybersikkerhedshændelse.

Kapitel XI: Forståelse af Social Engineering

Når det kommer til cybersikkerhed, er social engineering en af de mest lumske og potente trusler, som organisationer står over for. I modsætning til traditionelle hackingmetoder, der er afhængige af at udnytte tekniske sårbarheder, udnytter social engineering sårbarhederne i menneskelig psykologi og tillid. I dette kapitel vil vi forsøge at forstå den indviklede verden af social engineering, forskellige teknikker, eksempler fra den virkelige verden, psykologien bag det, metoderne til at forsvare sig mod det og den psykologiske tilgang cyberkriminelle bruger til at manipulere deres mål.

Kapitel XII: Svar på almindelige spørgsmål

Ud over specifikke emneoverskrifter relateret til cybersikkerhed, vil vi besvare spørgsmål om simple sikkerhedsforanstaltninger, som man ofte støder på i dagligdagen, og almindelige spørgsmål om cybersikkerhed i dette afsnit.

Kapitel XIII: Cybersikkerhedens fremtid

I takt med at teknologien fortsætter med at udvikle sig, ændres trusselslandskabet på internettet konstant. At være på forkant med disse trusler og forstå de fremtidige tendenser inden for internetsikkerhed er afgørende for, at organisationer effektivt kan beskytte deres digitale aktiver. I dette kapitel vil vi diskutere nogle af de vigtigste fremtidige tendenser inden for internetsikkerhed, som forventes at forme feltet i de kommende år.

I. NETVÆRKSSIKKERHED

A. Oversigt

Internettet er blevet en kritisk komponent i det moderne liv. Som følge heraf er netværkssikkerhed blevet stadig vigtigere for at sikre, at følsomme oplysninger beskyttes, cyberangreb forhindres, og de tilsluttede systemers integritet opretholdes. I dette kapitel giver vi et overblik over netværkssikkerhed og de centrale begreber og teknologier, der bruges til at sikre online systemer.

Netværkssikkerhed er en vigtig del af enhver cybersikkerhedsstrategi, da ondsindede aktører ofte retter sig mod netværk for at få adgang til følsomme data eller systemer. Netværkssikkerhed er praksis med at beskytte netværk og netværkstilgængelige ressourcer mod uautoriseret adgang, misbrug eller afbrydelse. Der er en række forskellige metoder, der bruges til at sikre netværkssikkerhed, herunder firewalls, kryptering, adgangskontrol og andre sikkerhedsforanstaltninger.

Netværkssikkerhed involverer flere forskellige komponenter, herunder fysisk sikkerhed, autentificering og autorisation. Fysisk sikkerhed refererer til beskyttelsen af det udstyr og den infrastruktur, der danner et netværk. Dette omfatter fysisk adgangskontrol, forebyggelse af manipulation og skader samt miljøkontrol såsom temperatur og fugtighed. Autentificering er processen med at verificere identiteten af en bruger eller et system, ofte gennem brug af adgangskoder eller krypteringsnøgler. Autorisation er processen med at give tilladelse eller adgang til en bruger eller et system.

Firewalls er en vigtig del af netværkssikkerheden. Firewalls fungerer som en barriere mellem et netværk og omverdenen og blokerer for ondsindede aktører i at få adgang. Firewalls kan være enten hardware- eller softwarebaserede og kan konfigureres til at blokere visse typer trafik eller nægte adgang, baseret på brugerroller.

Kryptering er en anden vigtig del af netværkssikkerheden. Kryptering er processen med at transformere data til en uforståelig form, der kun kan dekrypteres med en bestemt nøgle. Det bruges til at beskytte følsomme data mod at blive tilgået af uautoriserede brugere. Netværkssikkerhed involverer også brugen af adgangskontrolsystemer, som bruges til at begrænse adgangen til bestemte netværksressourcer.

Endelig involverer netværkssikkerhed også styring og overvågning af netværkstrafik. Dette kan gøres ved brug af indtrængningsdetektionssystemer, som bruges til at opdage mistænkelig eller ondsindet trafik. Netværkssikkerhed involverer også implementering af sikkerhedspolitikker, der definerer, hvordan brugere interagerer med netværket, samt hvordan data håndteres og lagres på netværket.

Et sikkert netværk skal omfatte flere nøglekomponenter for at sikre, at følsomme oplysninger beskyttes og cyberangreb forhindres. Nogle af nøglekomponenterne i et sikkert netværk inkluderer:

Firewalls: Firewalls er enheder eller softwareprogrammer, der fungerer som en barriere mellem et netværk og internettet, der kontrollerer indgående og udgående trafik.

Virtual Private Networks (VPN): VPN'er giver fjernbrugere mulighed for at oprette sikker forbindelse til et netværk over internettet.

Intrusion Detection and Prevention Systems (IDPS): IDPS'er er systemer, der registrerer og forhindrer uautoriseret adgang til et netværk.

Antivirus- og anti-malware-software: Antivirus- og anti-malware-software bruges til at opdage og fjerne skadelig software.

Ud over at bruge komponenterne i et sikkert netværk, er det også vigtigt at implementere bedste praksis for sikring af online systemer. Nogle af de bedste fremgangsmåder omfatter:

Regelmæssig opdatering af software: Regelmæssig opdatering af software, herunder operativsystemer og applikationer, er afgørende for at sikre, at sårbarheder bliver rettet.

Implementering af stærke adgangskoder: Stærke adgangskoder hjælper med at forhindre uautoriseret adgang til onlinesystemer.

Regelmæssig sikkerhedskopiering af data: Regelmæssig sikkerhedskopiering af data er med til at sikre, at følsomme oplysninger er beskyttet i tilfælde af datatab.

Overvågning af netværkstrafik: Overvågning af netværkstrafik kan hjælpe med at opdage potentielle sikkerhedstrusler og forhindre cyberangreb.

Netværkssikkerhed er afgørende for at sikre, at følsomme oplysninger beskyttes, cyberangreb forhindres, og onlinesystemernes integritet opretholdes. Dette kapitel giver et overblik over de vigtigste begreber og teknologier, der bruges til at sikre online-systemer, herunder de forskellige typer netværksangreb, komponenterne i et sikkert netværk og bedste praksis for sikring af online-systemer. De følgende kapitler forklarer detaljerne i hvert emne for at give en mere grundig forståelse af netværkssikkerhed.

B. Typer af netværksangreb og hvordan de virker

Netværkssikkerhed er afgørende for at forhindre en lang række angreb, der kan målrettes mod onlinesystemer. Dette kapitel er en oversigt over de mest almindelige typer netværksangreb. At forstå de forskellige typer netværksangreb, og hvordan de virker, er vigtigt for at sikre, at systemer og netværk kan sikres mod potentielle trusler.

B.1. Denial of Service (DoS) angreb

Denial of Service (DoS)-angreb har til formål at overbelaste et netværk eller system med trafik, hvilket gør det utilgængeligt for brugerne. DoS-angreb kan opnås gennem en række forskellige metoder, herunder:

Flooding: Flooding involverer at sende en stor mængde trafik til et netværk eller system, overvælde det og gøre det utilgængeligt for brugerne.

Amplifikationsangreb: Amplifikationsangreb involverer brug af et tredjepartssystem til at øge mængden af trafik, der sendes til et målsystem, hvilket gør det utilgængeligt.

Distribuerede Denial-of-Service (DDoS)-angreb: DDoS-angreb involverer koordinering af et stort antal systemer for samtidig at angribe et mål, hvilket gør det utilgængeligt.

B.2. Man-in-the-Middle (MitM) angreb

Man-in-the-Middle (MitM)-angreb involverer en angriber, der opsnapper og manipulerer kommunikation mellem to systemer. MitM-angreb kan forekomme på en række forskellige måder, herunder:

ARP-spoofing: ARP-spoofing involverer en hacker, der opsnapper og ændrer ARP-meddelelser (Address Resolution Protocol) for at omdirigere trafik til deres eget system.

SSL-stripping: SSL-stripping involverer fjernelse af kryptering fra sikker kommunikation, hvilket giver en angriber mulighed for at opsnappe og manipulere kommunikation.

B.3. Pakkesnusning

Pakkesniffing involverer indfangning og analyse af netværkstrafik for at indsamle følsomme oplysninger. Pakkesnifning kan udføres gennem en række forskellige metoder, herunder:

Promiskuøs tilstand: Promiskuøs tilstand involverer at sætte en netværksgrænseflade i en tilstand, der tillader den at fange al trafik, selvom den ikke er beregnet til det system.

ARP-spoofing: ARP-spoofing kan også bruges til pakkesniffing ved at omdirigere trafik til en angribers system.

B.4. Malware

Malware er ondsindet software, der kan bruges til at kompromittere online-systemer. Malware kan spredes gennem en række forskellige metoder, herunder:

Phishing-e-mails: Phishing-e-mails er e-mails, der indeholder ondsindede links eller vedhæftede filer, som kan inficere systemer, når de åbnes.

Drive-by-downloads: Drive-by-downloads involverer inficering af systemer med malware gennem en webbrowser uden brugerens viden eller samtykke.

C. Metoder til at beskytte netværk mod angreb

Netværk er rygraden i moderne informationssystemer, der forbinder mennesker, enheder og applikationer. Som sådan er netværkssikkerhed afgørende for at beskytte information og sikre fortroligheden, integriteten og tilgængeligheden af data. I dette kapitel vil vi udforske forskellige metoder til at beskytte netværk mod angreb.

C.1. Firewalls

Firewalls er en kritisk komponent i netværkssikkerhed, der fungerer som en barriere mellem et betroet internt netværk og et ikke-pålideligt eksternt netværk, der kontrollerer indgående og udgående datatrafik. Firewalls kan bruges til at blokere uautoriseret adgang, overvåge trafik og håndhæve sikkerhedspolitikker. Firewalls spiller en afgørende rolle i at beskytte mod cyberangreb og uautoriseret adgang, fungerer som den første forsvarslinje mod cybertrusler, hvilket giver et ekstra lag af sikkerhed til netværket. Formålet med en firewall er at forhindre uautoriseret adgang til netværket, samtidig med at autoriserede brugere og applikationer får adgang til netværket.

Firewalls findes i to hovedformer: hardware og software. Hardware firewalls er fysiske enheder, der er installeret mellem netværket og internettet, hvorimod software firewalls er installeret på individuelle enheder i netværket. Begge har deres egne unikke funktioner, fordele og ulemper.

Hardware firewalls er fysiske enheder, der er installeret på netværket for at beskytte mod indgående og udgående netværkstrafik. De er designet til at blive placeret mellem internettet og det lokale netværk, og de kan forbindes til netværket via en kablet eller trådløs forbindelse. Hardware-firewalls foretrækkes ofte af store organisationer og virksomhedsnetværk på grund af deres evne til at håndtere store mængder netværkstrafik, hvilket er kritisk i disse miljøer. Software firewalls er på den anden side implementeret som softwareprogrammer, der kører på en computer eller server i netværket. De kan installeres på individuelle computere eller servere for at give beskyttelse til de specifikke enheder. De bruges typisk i mindre netværk eller hjemmenetværk, fordi de er billigere og relativt nemme at installere og vedligeholde.

Med hensyn til ydeevne anses hardware-firewalls generelt for at være hurtigere og mere pålidelige end software-firewalls. Dette skyldes, at hardware-firewalls er specielt designet til netværkssikkerhed og er udstyret med specialiserede hardwarekomponenter, der er optimeret til dette formål. Hardware firewalls kan håndtere store mængder netværkstrafik, hvilket gør dem ideelle til store netværk. Software firewalls er afhængige af ydeevnen af den computer eller server, som de er installeret på. De kan bremse systemet og forbruge systemressourcer, hvilket reducerer enhedens samlede ydeevne. I nogle tilfælde kan dette gøre software-firewalls uegnede til højtydende netværksmiljøer.

Hardware firewalls kommer typisk med en grænseflade, der giver adgang til de forskellige funktioner og funktioner, herunder muligheden for at oprette firewall-regler, overvåge netværksaktivitet og udføre regelmæssige opdateringer. Software firewalls administreres gennem en softwaregrænseflade, der er installeret på computeren eller serveren. Grænsefladen giver lignende funktioner og funktioner som hardware-firewalls, men den er muligvis ikke så omfattende som dem, der findes på hardware-firewalls. Derudover kan softwarefirewalls være mere komplekse at administrere, især i større netværk, hvor flere firewalls kan installeres på flere enheder.

Med hensyn til sikkerhed anses hardware firewalls generelt for at være mere sikre end software. Dette skyldes, at hardware-firewalls er specielt designet til netværkssikkerhed og udstyret med specialiserede hardwarekomponenter. Software firewalls er mere sårbare over for de samme sikkerhedstrusler sammenlignet med hardware firewalls. De er mere modtagelige over for malware, vira og andre sikkerhedstrusler, som kan kompromittere sikkerheden af selve systemet eller softwarens firewall.

For eksempel, hvis netværket kræver høj ydeevne og sikkerhed, kan en hardware-firewall være den bedste mulighed. På den anden side, hvis netværket er mindre og ikke kræver så meget ydeevne og sikkerhed, kan en software firewall være mere egnet. Det er også vigtigt at overveje budgettet og de tilgængelige ressourcer til firewallimplementeringen, da hardwarefirewalls kan være dyrere og kræver mere teknisk ekspertise at administrere end softwarefirewalls.

Under alle omstændigheder er det vigtigt at bruge firewalls i kombination med andre sikkerhedsforanstaltninger, såsom antivirussoftware, indtrængendetekterings- og forebyggelsessystemer og netværksadgangskontrol, for at sikre en effektiv sikkerhedsstrategi.

Fordele ved firewalls

Beskyttelse mod cybertrusler: Firewalls giver et ekstra lag af sikkerhed mod cybertrusler, såsom malware, vira og hackingforsøg, ved at kontrollere adgangen til netværket og filtrere ondsindet trafik fra.

Forbedret privatliv: Firewalls hjælper med at beskytte følsomme data og forhindre uautoriseret adgang til fortrolige oplysninger. Ved at kontrollere adgangen til netværket kan firewalls også forhindre uautoriseret adgang til personlige oplysninger.

Forbedret netværksydelse: Firewalls hjælper med at forhindre overbelastning af netværket ved at bortfiltrere uønsket trafik og kontrollere adgangen til netværket. Dette resulterer i forbedret netværksydelse og reduceret nedetid.

Overholdelse af regler: I mange brancher, såsom finans og sundhedspleje, er overholdelse af regler afgørende. Firewalls hjælper organisationer med at overholde reglerne ved at levere et sikkert og kontrolleret miljø til datatransmission og -lagring.

C.2. Intrusion Detection and Prevention Systems (IDS/IPS)

Intrusion Detection and Prevention Systems er netværkssikkerhedsenheder, der overvåger netværkstrafikken og analyserer den for tegn på mistænkelig eller ondsindet aktivitet. Disse systemer er designet til at opdage og forhindre uautoriseret adgang til et computernetværk eller -system. Når et potentielt angreb opdages, kan systemet enten advare sikkerhedspersonale eller automatisk blokere trafikken.

IDPS kan kategoriseres i to typer: netværksbaseret og værtsbaseret. Netværksbaseret IDPS overvåger netværkstrafikken i realtid og analyserer den for ondsindet aktivitet. På den anden side installeres værtsbaserede IDPS på individuelle computere eller servere og overvåger systemaktivitet for tegn på indtrængen.

IDPS kan også klassificeres i to kategorier baseret på deres funktionalitet: systemer til indtrængen detektion (IDS) og systemer til forebyggelse af indtrængen (IPS). IDS analyserer netværkstrafikken for tegn på indtrængen, mens IPS ikke kun registrerer, men også forhindrer ondsindet aktivitet i at opstå.

Den primære funktion af en IDPS er at identificere og reagere på sikkerhedstrusler. Disse trusler kan omfatte vira, malware og andre typer angreb. IDPS kan opdage disse trusler og advare systemadministratoren, som derefter kan træffe passende foranstaltninger for at forhindre angrebet.

IDPS kan også bruges til at overvåge medarbejdernes aktivitet på netværket. Dette kan hjælpe med at forhindre uautoriseret adgang til følsomme data og forhindre medarbejdere i at deltage i aktiviteter, der kan kompromittere netværkssikkerheden.

Når du vælger en IDPS, er der flere faktorer at overveje. Disse omfatter den type trusler, du forsøger at forhindre, størrelsen og kompleksiteten af dit netværk og dit budget. Det er vigtigt at vælge en IDPS, der er nem at installere, konfigurere og vedligeholde.

IDPS bør også opdateres regelmæssigt for at holde trit med de seneste sikkerhedstrusler. Dette inkluderer installation af sikkerhedsrettelser og opdateringer, så snart de bliver tilgængelige. Regelmæssig test af IDPS kan også hjælpe med at identificere eventuelle svagheder eller sårbarheder i systemet.

Ved at vælge det rigtige IDPS og holde det opdateret kan du hjælpe med at beskytte dit netværk mod uautoriseret adgang og holde dine data sikre.

C.3. Virtual Private Networks (VPN'er)

VPN'er giver en sikker, krypteret forbindelse mellem to netværk, hvilket giver fjernbrugere mulighed for at få adgang til interne ressourcer, som om de var direkte forbundet til netværket og kan bruges til at beskytte data i transit og sikre fortroligheden af følsomme oplysninger. VPN'er er blevet mere og mere populære i de senere år, efterhånden som flere mennesker er blevet bekymrede over deres online privatliv og sikkerhed.

VPN er en sikker og privat netværksforbindelse, der giver dig adgang til internettet sikkert og anonymt. Det fungerer ved at kryptere din internettrafik og dirigere den gennem en ekstern server. Dette gør det svært for nogen at overvåge din onlineaktivitet, da dine data er beskyttet af kryptering. Derudover kan VPN hjælpe dig med at omgå geografiske begrænsninger og censur, så du kan få adgang til indhold, der kan være blokeret på din placering. Dette kan være særligt nyttigt, hvis du rejser til et land, hvor visse websteder og tjenester ikke er tilgængelige.

En af de vigtigste fordele ved at bruge en VPN er forbedret online privatliv. Når du opretter forbindelse til en VPN, er din internetudbyder (ISP) ikke i stand til at overvåge din onlineaktivitet, da alle dine data er krypteret. Det betyder, at din browserhistorik, søgeforespørgsler og personlige oplysninger holdes private.

En anden fordel ved at bruge en VPN er øget sikkerhed. Når du opretter forbindelse til et offentligt Wi-Fi-netværk, er dine data sårbare over for aflytning af hackere og andre ondsindede aktører. VPN krypterer dine data, hvilket gør det sværere for hackere at opsnappe og stjæle dine personlige oplysninger.

Når du vælger en VPN, er der flere faktorer at overveje. Disse omfatter krypteringsniveauet, antallet af servere og lokationer og forbindelsens hastighed. Det er vigtigt at vælge en VPN, der tilbyder stærk kryptering samt et stort antal servere og lokationer for at sikre en hurtig og pålidelig forbindelse.

Det er også vigtigt at bruge en velrenommeret VPN-udbyder, der tager dit privatliv alvorligt. Nogle gratis VPN'er kan indsamle og sælge dine data. Så det er vigtigt at læse anmeldelser og vælge en udbyder, der har et godt ry for privatliv og sikkerhed.

Ved at vælge den rigtige VPN-udbyder og følge bedste praksis for onlinesikkerhed, kan du sikre, at din onlineaktivitet forbliver privat og sikker.

C.4. Netværksadgangskontrol (NAC)

NAC er en sikkerhedsløsning, der hjælper organisationer med at håndhæve sikkerhedspolitikker og kontrollere adgangen til netværket. NAC-løsninger involverer typisk kontrol af konfigurationen af en enhed, før den tillader den at oprette forbindelse til netværket, og overvågning af netværkstrafikken for at sikre, at kun autoriserede enheder og brugere får adgang til netværket.

NAC fungerer ved at styre adgangen til netværket baseret på flere faktorer, herunder brugerens identitet, den enhed de bruger og enhedens sikkerhedsstatus. Før en bruger får adgang til netværket, kontrolleres deres enhed for at sikre, at den opfylder organisationens sikkerhedskrav.

NAC kan implementeres på flere måder, herunder ved hjælp af softwareagenter, netværksinfrastrukturenheder eller en kombination af begge. Softwareagenter installeres på individuelle enheder og bruges til at håndhæve sikkerhedspolitikker. Netværksinfrastrukturenheder, såsom switche og routere, kan også bruges til at håndhæve sikkerhedspolitikker.

En af de vigtigste fordele ved at bruge NAC er øget sikkerhed. Ved at kontrollere adgangen til netværket kan organisationer forhindre uautoriserede brugere og enheder i at få adgang til deres netværksressourcer. Dette kan hjælpe med at forhindre databrud og andre sikkerhedshændelser.

NAC kan også bruges til at sikre overholdelse af sikkerhedspolitikker. For eksempel, hvis en organisation kræver, at alle enheder på deres netværk har opdateret antivirussoftware installeret, kan NAC bruges til at kontrollere, at alle enheder opfylder dette krav, før de giver dem adgang til netværket.

Når du vælger en NAC-løsning, er der flere faktorer, der skal tages i betragtning. Disse omfatter det nødvendige sikkerhedsniveau, antallet af enheder, der skal understøttes, og kompleksiteten af netværket. Det er vigtigt at vælge en løsning, der er nem at bruge og administrere, samt en, der giver det nødvendige sikkerhedsniveau for din organisation.

NAC er en vigtig komponent i netværkssikkerhed. Det hjælper organisationer med at kontrollere adgangen til deres netværksressourcer og sikrer overholdelse af sikkerhedspolitikker. Ved at implementere NAC kan organisationer øge deres sikkerhedsposition og forhindre uautoriseret adgang til deres netværk.

C.5. Kryptering

Vi skal undersøge kryptering med alle detaljer. Kryptering er processen med at konvertere data til en ulæselig form for at forhindre uautoriseret adgang. Det kan bruges til at beskytte data under transport og hvile, hvilket sikrer fortroligheden og integriteten af følsomme oplysninger.

Kryptering er en kraftfuld teknik, der hjælper med at sikre data mod uautoriseret adgang og sikrer fortrolighed, integritet og autenticitet. I dette kapitel vil vi dykke ned i krypteringens verden og undersøge, hvordan den kan bruges som en robust forsvarsmekanisme til at beskytte netværk mod angreb.

Forståelse af kryptering

Kryptering er processen med at konvertere almindelig tekst til ulæselige og krypterede data, også kendt som chiffertekst, ved hjælp af matematiske algoritmer og kryptografiske nøgler. Det primære formål med kryptering er at forhindre uautoriseret adgang til følsomme oplysninger ved at gøre dem uoverskuelige for alle, der ikke er i besiddelse af den passende dekrypteringsnøgle. Kryptering bruges i vid udstrækning til at beskytte data i transit over netværk, gemt i lagerenheder og data i brug under forskellige computerprocesser.

Der er to hovedtyper af kryptering: symmetrisk og asymmetrisk. Symmetrisk kryptering bruger en enkelt nøgle til både kryptering og dekryptering, hvilket betyder, at den samme nøgle bruges til både at låse og låse de krypterede data op. Denne type kryptering er relativt enkel og effektiv med hensyn til processorkraft, men kræver en sikker metode til nøgleudveksling mellem parter for at sikre fortrolighed. Eksempler på symmetriske krypteringsalgoritmer omfatter Advanced Encryption Standard (AES) og Data Encryption Standard (DES).

På den anden side bruger asymmetrisk kryptering, også kendt som offentlig nøglekryptering, et par nøgler: en offentlig nøgle og en privat nøgle. Den offentlige nøgle bruges til kryptering, mens den private nøgle bruges til dekryptering. Den offentlige nøgle kan frit deles med alle, men den private nøgle skal holdes hemmelig af ejeren. Asymmetrisk kryptering giver et højere sikkerhedsniveau, da det eliminerer behovet for en sikker nøgleudvekslingsproces, men den er generelt langsommere og mere beregningsintensiv sammenlignet med symmetrisk kryptering. Eksempler på asymmetriske krypteringsalgoritmer omfatter RSA (Rivest-Shamir-Adleman), Diffie-Hellman, ECC (Elliptic Curve Cryptography), ECCSI (Elliptic Curve Cryptography-Based Signature with Identity), DSA (Digital Signature Algorithm), ElGamal, McEliece Cryptosystem, GPG (GNU Privacy Guard), S/MIME (Secure/Multipurpose Internet Mail Extensions), Blowfish, Camellia og Twofish.

RSA (Rivest-Shamir-Adleman): Dette er en af de mest almindeligt anvendte asymmetriske krypteringsalgoritmer, og den er opkaldt efter dens opfindere Ron Rivest, Adi Shamir og Leonard Adleman. Algoritmen var baseret på det matematiske koncept for modulær aritmetik og vanskeligheden ved at indregne store primtal i deres faktorer. I sine tidlige år blev RSA primært brugt til sikker kommunikation mellem den amerikanske regering og militæret. Siden da er RSA blevet en af de mest udbredte krypteringsalgoritmer i verden, brugt til alt fra sikker web-browsing til netbanktransaktioner. RSA har gennemgået adskillige revisioner og opdateringer gennem årene for at forbedre sin sikkerhed og ydeevne, men dens underliggende principper er forblevet de samme.

RSA har mange applikationer inden for online sikkerhed. En af de mest almindelige anvendelser er sikker web-browsing ved hjælp af HTTPS-protokollen. Når du besøger et websted ved hjælp af HTTPS, forhandler din browser og webstedets server en delt hemmelig nøgle ved hjælp af RSA-kryptering for at kryptere al kommunikation mellem de to parter.

RSA bruges også til sikker e-mail-kommunikation ved hjælp af protokoller som PGP (Pretty Good Privacy) og S/MIME (Secure/Multipurpose Internet Mail Extensions). Disse protokoller bruger RSA til at kryptere e-mail-indholdet og vedhæftede filer for at sikre, at kun den tilsigtede modtager kan læse meddelelsen.

Derudover bruges RSA til sikker filoverførsel ved hjælp af protokoller som SSH (Secure Shell) og SFTP (Secure File Transfer Protocol). Disse protokoller bruger RSA til at autentificere identiteten af den eksterne server og til at kryptere de data, der overføres.

Diffie-Hellman: Denne algoritme bruges til sikker nøgleudveksling over en usikret kommunikationskanal. Det giver to parter mulighed for at generere en delt hemmelig nøgle uden nogensinde at sende selve nøglen.

ECC (Elliptic Curve Cryptography): Denne algoritme er baseret på de matematiske egenskaber af elliptiske kurver og bruges til sikker nøgleudveksling og digitale signaturer.

ECCSI (Elliptic Curve Cryptography-Based Signature with Identity): Dette er en digital signaturalgoritme, der kombinerer ECC og hash-baserede meddelelsesgodkendelseskoder (HMAC'er) for at give sikre digitale signaturer, der er knyttet til en specifik identitet.

DSA (Digital Signature Algorithm): Denne algoritme bruges til digitale signaturer og er baseret på vanskeligheden ved at beregne diskrete logaritmer.

ElGamal: Dette er en anden krypteringsalgoritme baseret på vanskeligheden ved at beregne diskrete logaritmer. Det bruges til sikker nøgleudveksling og digitale signaturer.

McEliece Cryptosystem: Dette er en asymmetrisk krypteringsalgoritme, der bruger en anden tilgang end de fleste andre algoritmer. Det er baseret på vanskeligheden ved at afkode en lineær kode og anses for at være en af de mest sikre krypteringsalgoritmer.

GPG (GNU Privacy Guard): Dette er en gratis implementering af OpenPGP-standarden, som bruger en kombination af symmetrisk og asymmetrisk kryptering til e-mail- og filkryptering. GPG bruger RSA til nøgleudveksling og digitale signaturer.

S/MIME (Secure/Multipurpose Internet Mail Extensions): Dette er en standard for sikker e-mail, der bruger både symmetrisk og asymmetrisk kryptering. Den bruger RSA til nøgleudveksling og digitale signaturer.

Blowfish: Dette er en symmetrisk krypteringsalgoritme, men den bruges ofte i kombination med en asymmetrisk krypteringsalgoritme som RSA til sikker nøgleudveksling. Blowfish er kendt for sin høje hastighed og enkelhed, hvilket gør det til et populært valg til kryptering i softwareapplikationer.

Camellia: Dette er en symmetrisk krypteringsalgoritme, der er baseret på designet af AES-algoritmen. Det bruges ofte i kombination med en asymmetrisk krypteringsalgoritme som RSA til sikker nøgleudveksling.

Twofish: Dette er en symmetrisk krypteringsalgoritme, der er kendt for sin høje sikkerhed og fleksibilitet. Det bruges ofte i kombination med en asymmetrisk krypteringsalgoritme som RSA til sikker nøgleudveksling.

Dette er blot nogle få eksempler på de mange asymmetriske krypteringsalgoritmer, der er tilgængelige. Valget af algoritme afhænger af faktorer som det nødvendige sikkerhedsniveau, hastigheden af krypterings- og dekrypteringsprocessen og den specifikke anvendelse.

Hvordan kryptering beskytter netværk mod angreb

Kryptering tjener som en kraftfuld forsvarsmekanisme til at beskytte netværk mod angreb på flere måder:

Fortrolighed: Kryptering sikrer, at data, der transmitteres over netværk eller lagres på lagerenheder, forbliver fortrolige ved at gøre dem ulæselige for uautoriserede parter. Dette forhindrer aflytning eller aflytning af følsomme oplysninger fra ondsindede aktører, der forsøger at få uautoriseret adgang til netværket.

Integritet: Kryptering hjælper med at opretholde integriteten af data ved at beskytte dem mod uautoriserede ændringer eller manipulation under transport eller opbevaring. Enhver ændring af de krypterede data resulterer i en ugyldig dekryptering, der advarer den påtænkte modtager om forsøget på manipulation.

Autenticitet: Kryptering kan bruges til at fastslå ægtheden af data ved at bruge digitale signaturer, som er oprettet ved hjælp af private nøgler og kan verificeres ved hjælp af tilsvarende offentlige nøgler. Dette hjælper med at bekræfte afsenderens identitet og sikrer, at dataene ikke er blevet manipuleret under transporten.

Adgangskontrol: Kryptering kan bruges som en form for adgangskontrol ved at kryptere data gemt på lagerenheder eller transmitteret over netværk. Dette sikrer, at kun autoriserede parter med de relevante dekrypteringsnøgler kan få adgang til dataene, hvilket beskytter mod uautoriseret adgang fra cyberkriminelle eller insidertrusler.

Forsvar mod Man-in-the-Middle (MitM)-angreb: MitM-angreb involverer aflytning af kommunikation mellem to parter og opnåelse af uautoriseret adgang til de data, der transmitteres. Kryptering kan beskytte mod MitM-angreb ved at sikre, at de data, der transmitteres, er krypteret og ikke kan dechifreres af angriberen.

Bedste praksis for brug af kryptering til at beskytte netværk

For effektivt at bruge kryptering som en metode til at beskytte netværk mod angreb, bør følgende bedste praksis følges:

Brug stærke krypteringsalgoritmer: Sørg for, at de anvendte krypteringsalgoritmer er bredt anerkendt og kontrolleret af sikkerhedssamfundet for deres styrke og pålidelighed. Undgå at bruge svage eller forældede krypteringsalgoritmer, der kan være modtagelige for angreb.

Brug korrekt nøglestyring: Implementer korrekt nøglehåndteringspraksis for at sikre sikker generering, distribution, lagring og tilbagekaldelse af krypteringsnøgler. Brug separate nøgler til kryptering og dekryptering, og drej og opdater regelmæssigt nøgler for at minimere risikoen for kompromittering af nøglen.

Implementer ende-til-ende-kryptering: Implementer ende-til-ende-kryptering, hvor det er muligt, for at sikre, at data er krypteret fra afsender til den påtænkte modtager. Dette forhindrer mellemmænd, herunder tjenesteudbydere og netværksadministratorer, i at få adgang til eller manipulere med dataene.

Opdater og patch krypteringssoftware regelmæssigt: Hold krypteringssoftware opdateret med de seneste sikkerhedsrettelser og opdateringer for at beskytte mod kendte sårbarheder. Gennemgå og opdater regelmæssigt krypteringskonfigurationer for at tilpasse branchens bedste praksis.

Brug multifaktorgodkendelse: Implementer multifaktorgodkendelse for at få adgang til krypteringsnøgler og -systemer for at tilføje et ekstra sikkerhedslag. Dette kan hjælpe med at forhindre uautoriseret adgang, selvom krypteringsnøgler er kompromitteret.

Træn medarbejdere i bedste praksis for kryptering: Uddan medarbejderne om vigtigheden af kryptering, og giv undervisning i bedste praksis for brug af kryptering til at beskytte følsomme data. Dette omfatter ikke deling af krypteringsnøgler, verificering af ægtheden af krypteringsnøgler før brug og forståelse af den korrekte brug af kryptering i forskellige scenarier.

Overvåg og overvåg implementering af kryptering regelmæssigt: Implementer regelmæssig overvågning og revision af krypteringsimplementering for at detektere og reagere på potentielle sårbarheder eller anomalier. Dette omfatter gennemgang af logfiler, overvågning af krypteringsprocesser og udførelse af regelmæssige sikkerhedsaudits.

Kryptering er en kraftfuld metode til at beskytte netværk mod angreb. Det er en grundlæggende teknologi, der er meget brugt til at sikre data i transit, data i hvile og data i brug. Ved at implementere stærke krypteringsalgoritmer, korrekt nøglehåndteringspraksis, end-to-end-kryptering, regelmæssige opdateringer og patches, multi-faktor-autentificering, medarbejdertræning og overvågning og revision, kan netværk effektivt sikres mod angreb. Kryptering bør være en væsentlig komponent i enhver omfattende netværkssikkerhedsstrategi, der hjælper med at sikre fortroligheden og integriteten af følsomme data og beskytte mod uautoriseret adgang.

II. WEBSIKKERHED

A. Oversigt

World Wide Web er blevet en væsentlig del af vores daglige liv og giver adgang til information, kommunikation og handel. Som følge heraf er sikkerheden i web-baserede systemer blevet stadig vigtigere, da følsomme oplysninger og finansielle transaktioner udføres online. I dette kapitel vil vi give et overblik over websikkerhed og de udfordringer, som organisationer står over for, når de skal sikre webbaserede systemer.

Trusler mod websikkerhed

Der er adskillige trusler mod websikkerhed, herunder Cross-Site Scripting (XSS), Cross-Site Request Forgery (CSRF), SQL Injection, Remote Code Execution (RCE), Distributed Denial of Service (DDoS)-angreb og phishing-angreb. Disse trusler kan føre til datatyveri, systemkompromittering og tab af følsomme oplysninger.

Beskyttelse af websystemer

Der er flere trin, organisationer kan tage for at beskytte deres websystemer mod angreb, herunder:

Inputvalidering: Sikring af, at data indtastet i webbaserede systemer er valideret for at sikre, at de opfylder visse krav og ikke er skadelige.

Kryptering: Kryptering af følsomme data, både under transport og i hvile, for at forhindre uautoriseret adgang.

Adgangskontrol: Implementering af adgangskontrol for at sikre, at kun autoriserede brugere kan få adgang til følsomme oplysninger.

Sikkerhedsbevidsthedstræning: Tilbyder sikkerhedsbevidsthedstræning for brugere for at hjælpe med at forhindre phishing-angreb og andre former for social engineering.

Regelmæssige sikkerhedsopdateringer: Holder software og systemer opdateret med de nyeste sikkerhedsrettelser og opdateringer.

Websikkerhed er et stadig vigtigere aspekt af informationssikkerhed, da flere og flere følsomme oplysninger og finansielle transaktioner foregår online. Ved at forstå truslerne mod websikkerhed og tage de nødvendige skridt til at beskytte webbaserede systemer kan organisationer reducere risikoen for datatyveri, systemkompromittering og tab af følsomme oplysninger. I det næste kapitel vil vi give mere dybdegående information om specifikke websikkerhedsteknologier og -teknikker, som organisationer kan bruge til at beskytte deres websystemer.

B. Typer af webangreb og hvordan de virker

Efterhånden som internettet fortsætter med at vokse, og flere mennesker og organisationer er afhængige af det til kommunikation, handel og opbevaring af følsomme oplysninger, bliver behovet for websikkerhed stadig vigtigere. Webangreb er en almindelig og voksende trussel, og det er vigtigt at forstå de forskellige typer angreb, der findes, og hvordan de virker for at beskytte mod dem. I dette kapitel vil vi undersøge flere almindelige typer af webangreb, og hvordan de virker.

B.1. Cross-Site Scripting (XSS)

Cross-Site Scripting (XSS) er en type webangreb, der involverer indsprøjtning af ondsindet kode på en webside, der ses af andre brugere. Den ondsindede kode kan bruges til at stjæle følsomme oplysninger, såsom adgangskoder og kreditkortnumre eller til at omdirigere brugeren til en anden hjemmeside. XSS-angreb kan forekomme, når en webapplikation ikke korrekt validerer brugerinput, hvilket gør det muligt for angribere at injicere ondsindet kode på websiden. XSS-angreb er udbredt og kan føre til kompromittering af følsomme brugerdata, tyveri af legitimationsoplysninger og endda fuldskala systembrud. Det er afgørende at forstå XSS grundigt og lære at forsvare sig mod det effektivt.

Der er tre hovedtyper af XSS-angreb:

Afspejlet XSS: I denne type angreb er det indsprøjtede ondsindede script inkluderet i en URL- eller formularinput, og serveren afspejler dette input tilbage til brugeren uden ordentlig rensning. Når brugeren klikker på URL'en eller indsender formularen, udføres det ondsindede script i deres browser.

Eksempel:

Overvej en webapplikation, der tager en søgeforespørgsel som input og viser resultaterne på siden. Hvis applikationen ikke renser søgeforespørgslen korrekt, før den vises, kan en angriber injicere et script i søgeforespørgslen, hvilket vil blive afspejlet på søgeresultatsiden. Når andre brugere klikker på søgeresultatet, udføres scriptet i deres browsere, hvilket giver angriberen mulighed for at stjæle deres data eller udføre andre ondsindede handlinger.

Lagret XSS: I denne type angreb gemmes det injicerede ondsindede script permanent i en webapplikations database og vises til andre brugere, når de tilknyttede data hentes fra databasen og vises på en webside.

Eksempel:
Overvej en kommentarsektion på en blog, hvor brugere kan skrive kommentarer. Hvis webapplikationen ikke renser kommentarerne korrekt, før de gemmer dem i databasen og viser dem på blogindlægget, kan en angriber injicere et script i deres kommentar, som ville blive gemt i databasen. Når andre brugere ser blogindlægget og kommentarerne, udføres scriptet i deres browsere, hvilket giver angriberen mulighed for at udføre ondsindede aktiviteter.

DOM-baseret XSS: I denne type angreb injiceres det ondsindede script i Document Object Model (DOM) på en webside og udføres direkte i offerets browser uden at blive sendt til serveren.

Eksempel:
Overvej en webapplikation, der bruger JavaScript til dynamisk at opdatere indholdet af en webside baseret på brugerinput. Hvis applikationen ikke renser brugerinputtet korrekt før opdatering af DOM'et, kan en angriber injicere et script i inputtet, som vil blive udført i offerets browser, hvilket gør det muligt for angriberen at manipulere websiden og stjæle data.

Virkningen af XSS-angreb

XSS-angreb kan have alvorlige konsekvenser, herunder:

Datatyveri: XSS-angreb kan give angribere mulighed for at stjæle følsomme brugerdata, såsom brugernavne, adgangskoder og kreditkortoplysninger.

Legitimationstyveri: XSS-angreb kan gøre det muligt for angribere at stjæle brugerlegitimationsoplysninger, hvilket giver dem mulighed for at få uautoriseret adgang til brugerkonti og udføre handlinger på vegne af offeret.

Webdefacering: XSS-angreb kan bruges til at manipulere indholdet af websider, ødelægge dem med ondsindet eller upassende indhold, som kan skade omdømmet for den berørte hjemmeside eller organisation.

Malwarelevering: XSS-angreb kan bruges til at levere malware til intetanende brugere, inficere deres systemer og forårsage yderligere skade.

Casestudie: "XSS Worm"-angreb

Et berygtet eksempel på et XSS-angreb er "Samy"-ormen, der ramte det sociale netværkswebsted Myspace tilbage i 2005. Ormen udnyttede en lagret XSS-sårbarhed på Myspaces profilside til at injicere et ondsindet script i de berørte brugeres profiler. Når andre brugere så disse profiler, blev scriptet udført i deres browsere, og føjede også ormen til deres profiler. I løbet af få timer havde ormen spredt sig til millioner af profiler og forårsaget omfattende forstyrrelser og skader.

Samy-ormen skæmmede ikke kun profilerne med en besked, men tilføjede også angriberen som en ven, hvilket forårsagede en eksponentiel spredning af ormen. Det resulterede i, at MySpace måtte lukke siden midlertidigt ned for at begrænse spredningen og rette op på sårbarheden. Denne hændelse fremhæver det ødelæggende potentiale ved XSS-angreb og behovet for robuste sikkerhedsforanstaltninger til at beskytte mod dem.

Afbødningsteknikker til XSS-angreb

Validering og rensning af input: Valider og renser altid ethvert brugerinput, inklusive URL-parametre, formulardata og data gemt i databaser, før du inkluderer dem på websider. Brug sikker kodningspraksis og biblioteker, der giver indbyggede funktioner til kodning af brugerinput for at forhindre XSS-angreb.

Eksempel:
I stedet for direkte at indsætte brugerinput i et HTML-element, skal du bruge funktioner såsom htmlspecialchars() eller htmlentities() i PHP eller tilsvarende kodningsfunktioner i andre programmeringssprog for at indkode specialtegn og forhindre scriptudførelse.

Content Security Policy (CSP): Implementer CSP, en sikkerhedsfunktion, der giver dig mulighed for at specificere, hvilke indholdskilder der må indlæses af en webside, og derved afbøde XSS-angreb. CSP giver et ekstra lag af forsvar ved at blokere udførelsen af scripts fra uautoriserede kilder.

Eksempel:
Indstil Content-Security-Policy-headeren i din webserverkonfiguration eller metatag i din HTML for at angive tilladte kilder til scripts, billeder, typografier og andre ressourcer.

Sikre HTTP-kun cookies: Brug kun HTTP-cookies til at gemme følsomme data, såsom sessionstokens eller brugerlegitimationsoplysninger. Kun HTTP-cookies kan ikke tilgås af JavaScript, hvilket hjælper med at forhindre XSS-angreb i at stjæle følsomme data fra cookies.

Eksempel:
Indstil HttpOnly-flaget, når du indstiller cookies i din webapplikation for at forhindre klientsidescripts i at få adgang til cookies.

Regelmæssig sikkerhedspatch: Hold dig opdateret med de seneste sikkerhedsrettelser og opdateringer til din webapplikationsramme, biblioteker og serversoftware. XSS-sårbarheder kan lappes gennem opdateringer, og det er vigtigt straks at anvende disse patches for at beskytte mod kendte sårbarheder.

Brugeruddannelse og bevidsthed: Undervis dine brugere om risikoen for XSS-angreb og opmuntr dem til at være forsigtige med deres interaktioner på websteder, især når de klikker på links eller indtaster personlige oplysninger. Fremme sikre browsing-vaner og rapporter om mistænkelige aktiviteter eller uventet adfærd på websteder.

Cross-Site Scripting (XSS) er en alvorlig websårbarhed, der kan have alvorlige konsekvenser, hvis den ikke bliver løst ordentligt. Som online sikkerhedsekspert er det afgørende at forstå de forskellige typer XSS-angreb, deres virkning og effektive afbødningsteknikker. Ved at implementere inputvalidering og -sanering, bruge Content Security Policy (CSP), bruge sikre HTTP-only cookies, jævnligt patche sikkerhedssårbarheder og uddanne brugere, kan du reducere risikoen for XSS-angreb betydeligt og beskytte dine webapplikationer og brugere mod potentiel skade.

Husk, at det er vigtigt at være på vagt, holde sig ajour med den nyeste bedste praksis for sikkerhed og regelmæssigt teste dine webapplikationer for sårbarheder for at opretholde et sikkert onlinemiljø. Vær proaktiv, vær grundig i dit forsvar mod XSS-angreb og beskyt fortroligheden, integriteten og tilgængeligheden af dine webapplikationer og brugerdata.

B.2. SQL-injektion

SQL Injection er en type webangreb, der involverer indsprøjtning af ondsindet kode i et websteds database. Angrebet giver angriberen mulighed for at få adgang til, ændre eller slette følsomme oplysninger gemt i databasen. SQL Injection-angreb kan forekomme, når en webapplikation ikke korrekt validerer brugerinput, hvilket tillader angribere at injicere ondsindet kode i databasen. Denne type angreb kan have ødelæggende konsekvenser, herunder uautoriseret dataadgang, dataændringer og endda sletning af data. I dette kapitel vil vi dykke ned i detaljerne om SQL Injection, dens forskellige former og hvordan du kan beskytte din database mod det.

I sin kerne opstår SQL Injection, når en angriber er i stand til at injicere ondsindet SQL-kode i en webapplikations forespørgselsparametre, som derefter udføres mod databasen. Dette gør det muligt for angriberen at manipulere SQL-forespørgslen på utilsigtede måder, omgå godkendelses- og autorisationskontrol og få adgang til følsomme data eller foretage uautoriserede ændringer af databasen.

Der er flere almindelige måder, hvorpå SQL Injection-angreb kan udføres. Lad os tage et kig på nogle af de mest almindelige typer af SQL Injection-angreb:

Unionsbaseret SQL-injektion: I denne type angreb tilføjer en angriber en UNION-sætning til den oprindelige forespørgsel, hvilket giver dem mulighed for at kombinere resultaterne af flere SELECT-sætninger til et enkelt resultatsæt. Ved at gøre det kan angriberen hente data fra andre tabeller i databasen, som de ikke har tilladelse til at få adgang til.

Fejlbaseret SQL-injektion: I denne type angreb udnytter en angriber fejlmeddelelser genereret af databasen til at få information om strukturen af databasen og hente følsomme data. Hvis en angriber f.eks. indtaster en SQL-forespørgsel, der genererer en fejl, kan fejlmeddelelsen, der returneres af databasen, indeholde værdifulde oplysninger, såsom tabelnavne, kolonnenavne og endda faktiske data.

Blind SQL Injection: Denne type angreb er mere subtil og sværere at opdage, da den ikke genererer nogen fejlmeddelelser. Angriberen laver i stedet SQL-forespørgsler, der returnerer boolske (sand/falsk) svar eller slet ingen svar og bruger derefter applikationens adfærd til at udlede oplysninger om databasen. Dette kan omfatte at gætte længden af en adgangskode eller udtrække data ét tegn ad gangen.

Beskyttelse mod SQL-injektionsangreb

Brug forberedte sætninger eller parametriserede forespørgsler: Forberedte sætninger eller parametriserede forespørgsler er et kraftfuldt forsvar mod SQL Injection-angreb. De giver dig mulighed for at adskille SQL-kode fra brugerinput, hvilket sikrer, at brugerleverede data behandles som data og ikke som en del af SQL-forespørgslen.

Forberedte sætninger bruger pladsholdere til brugerinput, som derefter er bundet til faktiske værdier, hvilket eliminerer behovet for strengsammenkædning og gør det praktisk talt umuligt for en angriber at injicere ondsindet SQL-kode.

Rengør brugerinput: Valider og renser altid alle brugerinput, der bruges til at konstruere SQL-forespørgsler. Dette inkluderer data fra brugerinputfelter, forespørgselsparametre og andre eksterne kilder. Rengøring af brugerinput involverer fjernelse eller escape af tegn, der kan have særlig betydning i SQL-forespørgsler, såsom enkelte anførselstegn, dobbelte anførselstegn og omvendte skråstreg. Vær forsigtig, når du bruger brugerinput direkte i SQL-forespørgsler, og undgå at bruge brugerinput som en del af SQL-forespørgselskonstruktionen uden korrekt rengøring.

Begræns databasebrugertilladelser: Begræns tilladelserne for databasebrugeren, der bruges af webapplikationen, til det absolut nødvendige minimum for dens drift. Undgå at bruge privilegerede brugere, såsom databaseadministratoren, til normale applikationsoperationer. Opret i stedet separate databasebrugere med begrænsede tilladelser, som kun har adgang til de specifikke tabeller og operationer, der kræves af applikationen. Dette begrænser den potentielle skade, der kan forårsages af et SQL Injection-angreb, da hackerens adgang vil være begrænset til den kompromitterede brugers tilladelser.

Implementer Least Privilege-princippet: Følg princippet om mindste privilegium, hvilket betyder, at brugere og applikationer kun skal have de nødvendige minimumstilladelser til at udføre deres opgaver. Undgå at bruge alt for tilladelige tilladelser, såsom at give 'ALLE PRIVILEGIER' til databasebrugere eller bruge alt for brede forespørgselstilladelser. Gennemgå og opdater regelmæssigt tilladelserne for dine databasebrugere for at sikre, at de kun får de tilladelser, de har brug for, og intet mere.

Hold software og biblioteker opdateret: SQL Injection-angreb kan ofte udnytte kendte sårbarheder i software og biblioteker, der bruges af webapplikationer. Det er afgørende at holde al software, inklusive databasestyringssystemet, webserveren og eventuelle biblioteker eller rammer, opdateret med de seneste sikkerhedsrettelser og opdateringer. Overvåg regelmæssigt for sikkerhedsrådgivninger og patches udgivet af softwareleverandører og anvend dem omgående for at beskytte mod kendte sårbarheder.

Brug Web Application Firewalls (WAF'er): Web Application Firewalls (WAF'er) kan give et ekstra lag af beskyttelse mod SQL Injection-angreb. WAF'er kan opsnappe og analysere indkommende HTTP-anmodninger og -svar, filtrere ondsindet SQL-kode eller andre mistænkelige adfærdsmønstre fra. Mange WAF'er har også indbyggede SQL Injection-beskyttelsesregelsæt, der kan detektere og blokere kendte SQL Injection-angreb. Det er dog vigtigt at bemærke, at WAF'er ikke er en erstatning for korrekt kodningspraksis og sikre databasekonfigurationer og bør bruges sammen med andre sikkerhedsforanstaltninger.

Implementer inputvalidering: Implementer streng inputvalidering på brugerleverede data for at sikre, at kun forventede tegn og datatyper er tilladt. For eksempel, hvis et felt forventes at indeholde et heltal, skal du validere, at inputtet faktisk er et heltal, før du bruger det i en SQL-forespørgsel. Dette kan hjælpe med at forhindre SQL Injection-angreb, der er afhængige af at injicere uventede datatyper eller tegn i forespørgslen.

Regelmæssige sikkerhedsaudits: Udfør regelmæssige sikkerhedsaudits af din webapplikation og database for at identificere og rette potentielle sårbarheder, herunder SQL Injection-sårbarheder. Dette kan omfatte kodegennemgange, sårbarhedsscanning og penetrationstest. Gennemgå og analyser regelmæssigt applikationslogfiler og databaselogfiler for at opdage enhver mistænkelig aktivitet, der kan indikere et SQL Injection-angreb.

Uddan og træne dit udviklingsteam: Uddan og træne dit udviklingsteam korrekt i sikker kodningspraksis, herunder hvordan du skriver SQL-forespørgsler sikkert, validerer og renser brugerinput og følger andre bedste fremgangsmåder til beskyttelse mod SQL Injection-angreb. Sørg for regelmæssige træningssessioner og ressourcer for at holde dit udviklingsteam opdateret med de nyeste sikkerhedsteknikker og -teknologier.

SQL Injection-angreb er fortsat en vedvarende trussel mod webapplikationer og databaser. Men ved at følge bedste praksis, såsom at bruge forberedte erklæringer eller parametriserede forespørgsler, rense brugerinput, begrænse databasebrugertilladelser, implementere mindste privilegium-princippet, holde software og biblioteker opdateret, bruge webapplikations firewalls, implementere inputvalidering, udføre regelmæssig sikkerhed audits og uddanne og træne dit udviklingsteam, kan du reducere risikoen for SQL Injection-angreb markant.

Ud over de tekniske foranstaltninger, der diskuteres i dette kapitel, er det også vigtigt at fremme en sikkerhedsbevidst kultur i din organisation. Tilskynd til en proaktiv tilgang til sikkerhed blandt dit udviklingsteam og fremme en kultur med kontinuerlig læring og forbedring. Understreg vigtigheden af sikkerhedsbevidsthed og den rolle, som hvert teammedlem spiller i at beskytte webapplikationen og dens data mod SQL Injection-angreb og andre sikkerhedstrusler.

Endelig, i tilfælde af et mistænkt eller bekræftet SQL Injection-angreb, er det afgørende at have en hændelsesresponsplan på plads. Denne plan bør skitsere de skridt, der skal tages i tilfælde af et sikkerhedsbrud, herunder isolering af de berørte systemer, afhjælpning af skaden, underretning af relevante interessenter og udførelse af en grundig undersøgelse for at identificere årsagen og forhindre fremtidige angreb.

B.3.   Man-in-the-Middle (MitM)

Man-in-the-Middle (MitM)-angreb er en type webangreb, der involverer aflytning af kommunikation mellem en bruger og et websted. Angriberen opsnapper kommunikationen, aflytter samtalen og kan endda ændre de data, der transmitteres. MitM-angreb kan forekomme, når en bruger opretter forbindelse til et usikret Wi-Fi-netværk, eller når en angriber er i stand til at opsnappe kommunikationen mellem en bruger og et websted. I dette kapitel vil vi udforske typerne, teknikkerne og modforanstaltningerne til MitM-angreb og diskutere bedste praksis til at afbøde og forhindre dem.

Typer af MitM-angreb:

Der er flere typer af MitM-angreb, hver med sin egen metode til aflytning og udnyttelse. Disse omfatter:

IP-spoofing: En angriber manipulerer kildeadressen på en pakke for at få den til at se ud, som om den stammer fra en pålidelig kilde. Dette gør det muligt for angriberen at opsnappe, ændre og injicere pakker i et netværk, hvilket gør det vanskeligt at spore angrebets oprindelse.

DNS-spoofing: En angriber manipulerer DNS (Domain Name System)-forespørgsler og -svar for at omdirigere trafik til et falsk websted eller en falsk server. Dette kan bruges til at stjæle følsomme oplysninger, såsom loginoplysninger og kreditkortoplysninger.

HTTPS-spoofing: En angriber bruger et falsk SSL/TLS-certifikat til at efterligne et legitimt websted og opsnappe kommunikationen mellem brugeren og serveren. Dette giver hackeren mulighed for at se og ændre følsomme data, såsom adgangskoder, personlige oplysninger og økonomiske transaktioner.

Sessionskapring: En angriber stjæler en brugers sessionscookie for at få uautoriseret adgang til et websted eller en webapplikation. Dette kan opnås gennem forskellige metoder, såsom at sniffe netværkstrafik, stjæle cookies, der er gemt på ofrets enhed og udnytte sårbarheder på webstedet eller webapplikationen.

Teknikker til MitM-angreb:

MitM-angreb kan udføres ved hjælp af forskellige teknikker, hvoraf nogle omfatter:

Pakkesniffing: En angriber opsnapper og analyserer pakker med data, der sendes over et netværk for at udtrække følsomme oplysninger, såsom loginoplysninger, kreditkortoplysninger og personlige oplysninger.

ARP-spoofing: En angriber opsnapper ARP-meddelelser (Address Resolution Protocol) for at knytte MAC-adressen (Media Access Control) på en netværksenhed til dens IP-adresse. Dette gør det muligt for angriberen at omdirigere trafik til en falsk hjemmeside eller server.

Session Genafspilning: En angriber opsnapper og genafspiller sessionsdata for at få uautoriseret adgang til et websted eller en webapplikation. Dette kan opnås gennem forskellige metoder, såsom at opsnappe cookies, opsnappe HTTP-anmodninger og -svar og opsnappe SSL/TLS-håndtryk.

SSL-stripping: En angriber nedgraderer en HTTPS-forbindelse til en HTTP-forbindelse, hvilket giver angriberen mulighed for at opsnappe og ændre kommunikationen mellem brugeren og serveren.

Modforanstaltninger til MitM-angreb:

Der er forskellige modforanstaltninger, der kan bruges til at afbøde og forhindre MitM-angreb. Disse omfatter:

Brug af HTTPS: Websites og webapplikationer skal bruge HTTPS (HTTP Secure) til at kryptere kommunikationen mellem brugeren og serveren. Dette hjælper med at forhindre SSL/TLS-spoofing og sessionkapringangreb.

Brug af SSL-pinning: SSL-pinning involverer hardkodning af et websteds eller webapplikations SSL/TLS-certifikat i klientens software, hvilket gør det vanskeligt for en angriber at bruge et falsk SSL/TLS-certifikat til at efterligne webstedet eller webapplikationen.

Brug af DNSSEC: DNSSEC (Domain Name System Security Extensions) tilføjer et lag af sikkerhed til DNS ved at verificere ægtheden af DNS-forespørgsler og -svar, hvilket gør det sværere for en angriber at udføre DNS-spoofingangreb.

Brug af VPN: En VPN (Virtual Private Network) krypterer netværkstrafik og dirigerer den gennem en sikker tunnel, hvilket gør det sværere for en angriber at opsnappe og aflytte kommunikation.

Regelmæssig opdatering af software og enheder: Regelmæssig opdatering af software og enheder kan hjælpe med at rette op på sårbarheder, der kunne udnyttes af MitM-angribere. Dette inkluderer opdatering af operativsystemer, webbrowsere, antivirussoftware og firmware.

To-faktor-autentificering: To-faktor-godkendelse tilføjer et ekstra lag af sikkerhed til login-legitimationsoplysninger ved at kræve en anden form for godkendelse, såsom en engangsadgangskode eller biometrisk godkendelse. Dette gør det sværere for en hacker at kapre en brugers session og få uautoriseret adgang.

Bedste praksis til at afbøde og forhindre MitM-angreb:

For effektivt at afbøde og forhindre MitM-angreb er det vigtigt at følge nogle bedste praksisser, herunder:

Brug altid HTTPS: Websites og webapplikationer skal bruge HTTPS til at kryptere kommunikationen mellem brugeren og serveren.

Undgå offentlig Wi-Fi: Offentlige Wi-Fi-hotspots er ofte usikrede, hvilket gør dem til et primært mål for MitM-angribere. Undgå at bruge offentlige Wi-Fi-hotspots, eller brug en VPN til at kryptere din netværkstrafik.

Hold software og enheder opdateret: Opdater regelmæssigt software og enheder for at korrigere sårbarheder, der kunne udnyttes af MitM-angribere.

Brug to-faktor-godkendelse: To-faktor-godkendelse tilføjer et ekstra lag af sikkerhed til login-legitimationsoplysninger, hvilket gør det sværere for en hacker at kapre en brugers session og få uautoriseret adgang.

Vær på vagt: Vær på vagt, når du surfer på internettet, og undgå at klikke på mistænkelige links eller downloade ukendt software.

MitM-angreb er en alvorlig trussel mod online sikkerhed og kan have ødelæggende konsekvenser, herunder identitetstyveri, økonomisk tab og skade på omdømme. Ved at forstå typerne, teknikkerne og modforanstaltningerne til MitM-angreb og følge bedste praksis for at afbøde og forhindre dem, kan enkeltpersoner og organisationer bedre beskytte sig mod disse typer cyberangreb. Det er vigtigt at forblive årvågen og proaktiv i kampen mod MitM-angreb og at holde sig ajour med de seneste sikkerhedsforanstaltninger og bedste praksis.

B.4. Distributed Denial of Service (DDoS)

Distributed Denial of Service (DDoS)-angreb er en type webangreb, der involverer overvældning af et websted med trafik fra flere kilder, hvilket får webstedet til at blive utilgængeligt for brugerne. DDoS-angreb kan lanceres ved hjælp af et netværk af kompromitterede computere kendt som et botnet eller ved hjælp af andre metoder til at generere store mængder trafik.

Dette er blot nogle få eksempler på de mange typer webangreb, der findes. At forstå, hvordan disse angreb fungerer, og de metoder, der anvendes af angribere, er afgørende for organisationer, der ønsker at beskytte deres webapplikationer og følsomme oplysninger.

Efterhånden som flere og flere virksomheder og enkeltpersoner er afhængige af internettet til kommunikation, transaktioner og datalagring, truer truslen om Distributed Denial of Service (DDoS) angreb stor. I dette kapitel vil vi undersøge verden af DDoS-angreb, forstå deres natur, virkning og vigtigst af alt, hvordan man effektivt beskytter mod dem.

Hvad er et DDoS-angreb?

Et DDoS-angreb er et ondsindet forsøg på at forstyrre tilgængeligheden af en hjemmeside, server eller onlinetjeneste ved at overvælde den med trafik fra flere kilder. I et typisk DDoS-angreb bruges et stort antal kompromitterede enheder, kendt som "botnets", til at sende en overdreven mængde anmodninger til målsystemet, hvilket får det til ikke at reagere eller gå ned. Disse botnets er ofte oprettet ved hjælp af malware, der inficerer sårbare enheder såsom computere, servere, routere og Internet of Things (IoT) enheder og indleder dem i et netværk af bots under kontrol af angriberen.

DDoS-angreb kan have alvorlige konsekvenser for virksomheder og enkeltpersoner, hvilket resulterer i økonomiske tab, omdømmeskader og driftsforstyrrelser. Derfor er det afgørende at forstå de forskellige typer af DDoS-angreb og deres potentielle virkninger for effektivt at beskytte mod dem.

Typer af DDoS-angreb

DDoS-angreb kan antage forskellige former, hver med sine egne unikke karakteristika. Nogle af de mest almindelige typer af DDoS-angreb inkluderer:

Volumetriske angreb: Disse angreb har til formål at overvælde målsystemet med en massiv mængde trafik, der tærer på dets båndbredde og ressourcer. Volumetriske angreb udføres typisk ved hjælp af botnets, der genererer et stort antal anmodninger, såsom UDP-oversvømmelser, ICMP-oversvømmelser og DNS-forstærkningsangreb.

Protokolangreb: Disse angreb udnytter sårbarheder i netværksprotokollerne eller applikationerne i målsystemet, hvilket får det til at ikke reagere eller gå ned. Eksempler på protokolangreb omfatter SYN-oversvømmelser, ACK-oversvømmelser og smølfeangreb.

Angreb på applikationslag: Disse angreb er målrettet mod applikationslaget i målsystemet med det formål at udtømme dets ressourcer eller udnytte sårbarheder i webapplikationerne. Almindelige applikationslagsangreb omfatter HTTP-oversvømmelser, Slowloris-angreb og SQL-injektionsangreb.

Reflekterende/forstærkede angreb: Disse angreb udnytter sårbarhederne i visse protokoller, såsom DNS eller NTP, til at generere en stor mængde trafik, der reflekteres eller forstærkes mod målsystemet, hvilket overvælder dets ressourcer. Denne type angreb kan resultere i massive trafikmængder, hvilket gør det ekstremt vanskeligt at afbøde.

Virkningerne af DDoS-angreb

DDoS-angreb kan have betydelige konsekvenser for virksomheder, enkeltpersoner og det overordnede online-økosystem. Nogle af de potentielle konsekvenser af DDoS-angreb inkluderer:

Økonomiske tab: Nedetid forårsaget af DDoS-angreb kan resultere i tabt omsætning, især for virksomheder, der er stærkt afhængige af deres online tilstedeværelse for salg, kundeengagement eller levering af service. Omkostningerne ved at afbøde og komme sig efter et DDoS-angreb, herunder investering i yderligere infrastruktur og sikkerhedsforanstaltninger, kan også være betydelige.

Omdømmeskade: Et vellykket DDoS-angreb kan plette en virksomheds omdømme, hvilket fører til tab af kundernes tillid og loyalitet. Kunder kan opfatte en virksomhed som upålidelig eller usikker, hvis dens onlinetjenester ofte er utilgængelige på grund af DDoS-angreb.

Driftsforstyrrelser: DDoS-angreb kan forstyrre normal forretningsdrift og forårsage forsinkelser, forstyrrelser og yderligere arbejdsbyrde for it- og sikkerhedsteams. Dette kan føre til tab af produktivitet, manglende deadlines og øgede driftsomkostninger.

Juridiske og regulatoriske konsekvenser: Afhængigt af virksomhedens art og de data, der håndteres, kan DDoS-angreb have juridiske og regulatoriske implikationer. Hvis et DDoS-angreb f.eks. resulterer i et databrud eller tab af fortrolige oplysninger, kan virksomheden risikere retssager, bøder eller andre sanktioner.

Beskyttelse mod DDoS-angreb

I betragtning af de alvorlige konsekvenser af DDoS-angreb er det afgørende for virksomheder og enkeltpersoner at træffe proaktive foranstaltninger for at beskytte sig mod dem. Nogle af de bedste fremgangsmåder til at beskytte mod DDoS-angreb inkluderer:

Brug af Anti-DDoS-løsninger: En af de mest effektive måder at beskytte mod DDoS-angreb på er at bruge anti-DDoS-løsninger. Disse løsninger bruger forskellige teknikker, såsom trafikfiltrering, hastighedsbegrænsning og adfærdsanalyse, til at detektere og afbøde DDoS-angreb i realtid. Mange hostingudbydere og cloud-tjenester tilbyder anti-DDoS-løsninger som en del af deres servicetilbud.

Regelmæssige sikkerhedsaudits: Udførelse af regelmæssige sikkerhedsaudits af netværksinfrastruktur, applikationer og enheder kan hjælpe med at identificere og afhjælpe sårbarheder, der kan udnyttes af DDoS-angreb. Dette omfatter patching og opdatering af software, deaktivering af unødvendige tjenester og konfiguration af firewalls og indtrængningsdetektions-/forebyggelsessystemer.

Implementering af adgangskontroller: Implementering af adgangskontroller, såsom firewalls, VPN'er og tofaktorautentificering, kan hjælpe med at forhindre uautoriseret adgang til netværksressourcer og -enheder. Dette kan begrænse potentialet for DDoS-angreb og andre typer cybertrusler.

Uddannelse af medarbejdere: At uddanne medarbejdere i bedste praksis for onlinesikkerhed, såsom at undgå mistænkelige links og e-mails, bruge stærke adgangskoder og rapportere mistænkelig aktivitet, kan hjælpe med at reducere risikoen for DDoS-angreb og andre typer cybertrusler.

DDoS-angreb udgør en betydelig trussel mod virksomheder, enkeltpersoner og det overordnede online-økosystem. Ved at implementere bedste praksis, såsom at bruge anti-DDoS-løsninger, udføre regelmæssige sikkerhedsaudits, implementere adgangskontroller og uddanne medarbejdere, kan virksomheder og enkeltpersoner reducere risikoen for DDoS-angreb og sikre et sikrere og mere sikkert onlinemiljø.

C. Metoder til at beskytte websteder og webapplikationer mod angreb

Med det stigende antal netværksangreb og sikkerhedstrusler er det vigtigt at træffe proaktive foranstaltninger for at beskytte netværk og systemer. I dette kapitel vil vi give et overblik over de metoder, der kan bruges til at beskytte netværk mod angreb.

C.1. Firewalls

Som vi undersøgte før, er firewalls et nøgleværktøj i netværkssikkerhed. En firewall er en netværkssikkerhedsenhed, der overvåger og kontrollerer indgående og udgående netværkstrafik baseret på forudbestemte sikkerhedsregler. De fungerer som en barriere mellem interne netværk og internettet og filtrerer indgående og udgående trafik baseret på foruddefinerede regler. Firewalls kan være hardware- eller software-baserede og kan yde beskyttelse mod en lang række angreb. I dette kapitel vil vi diskutere de forskellige typer firewalls, deres funktioner og bedste praksis for implementering og styring af dem.

Typer af firewalls

Der er flere typer firewalls, hver med deres egne unikke styrker og svagheder. Nogle af de mest almindelige typer firewalls omfatter:

Pakkefiltrerende firewalls: Pakkefiltrerende firewalls er den mest grundlæggende type firewall. De arbejder ved at undersøge hver pakke med data, der passerer gennem netværket, og sammenligne dem med et sæt foruddefinerede regler. Pakker, der opfylder kriterierne i reglerne, får lov til at passere, mens de, der ikke gør, er blokeret. Selvom pakkefiltreringsfirewalls er relativt nemme at konfigurere og administrere, giver de begrænset sikkerhed, da de kun undersøger pakkehovedet og ikke pakkeindholdet.

Stateful Inspection Firewalls: Stateful Inspection Firewalls, også kendt som dynamiske pakkefiltreringsfirewalls, undersøger det komplette pakkeindhold og holder styr på forbindelsestilstanden. De kan afgøre, om en pakke tilhører en etableret forbindelse, eller om det er et uautoriseret forbindelsesforsøg. Mens stateful inspektionsfirewalls giver et højere sikkerhedsniveau end pakkefiltrerende firewalls, er de mere komplekse at konfigurere og kan have en højere ressourceoverhead.

Firewalls på applikationsniveau: Firewalls på applikationsniveau, også kendt som proxy-firewalls, fungerer på applikationslaget i netværksstakken. De fungerer som mellemled mellem klienten og serveren og inspicerer hele applikationens nyttelast. Dette giver dem mulighed for at give mere detaljeret kontrol over netværkstrafikken og blokere specifikke typer trafik, såsom malware eller ondsindede anmodninger. De kan dog have en højere latenstid og kan være sværere at administrere end andre typer firewalls.

Næste generations firewalls: Næste generations firewalls er en mere avanceret type firewall, der inkorporerer yderligere sikkerhedsfunktioner såsom forebyggelse af indtrængen, opdagelse af malware og indholdsfiltrering. De bruger avancerede algoritmer til at analysere netværkstrafik og identificere potentielle trusler. De giver også mere detaljerede rapporterings- og logfunktioner. Næste generations firewalls bruges ofte i højsikkerhedsmiljøer, såsom offentlige myndigheder og finansielle institutioner.

Firewalls funktioner

Firewalls tjener flere vigtige funktioner inden for netværkssikkerhed. Nogle af firewalls vigtigste funktioner omfatter:

Trafikfiltrering: Firewalls filtrerer netværkstrafik baseret på forudbestemte regler. Dette giver dem mulighed for at blokere uønsket trafik, såsom ondsindede pakker eller uautoriserede adgangsforsøg.

Adgangskontrol: Firewalls styrer adgangen til netværksressourcer ved at tillade eller nægte trafik baseret på foruddefinerede regler. Dette sikrer, at kun autoriserede brugere kan få adgang til følsomme data og ressourcer.

Network Address Translation (NAT): Firewalls kan udføre NAT, som gør det muligt for flere enheder på et netværk at dele en enkelt IP-adresse. Dette kan hjælpe med at beskytte mod angreb ved at skjule de interne IP-adresser fra eksterne netværk.

VPN og fjernadgang: Firewalls kan give VPN og fjernadgang. Dette giver fjernbrugere mulighed for sikkert at oprette forbindelse til netværket og få adgang til netværksressourcer.

Bedste praksis for implementering og administration af firewalls

For at sikre maksimal effektivitet af firewalls er det vigtigt at implementere og administrere dem korrekt. Nogle bedste fremgangsmåder til implementering og administration af firewalls omfatter:

Definer og håndhæv firewallpolitikker: Det er afgørende at definere og håndhæve firewallpolitikker, der stemmer overens med forretningsmål og sikkerhedskrav. Firewallpolitikker bør regelmæssigt gennemgås og opdateres for at sikre, at de forbliver relevante og effektive.

Implementer en flerlags-forsvarsstrategi: Firewalls bør være en del af en flerlags-forsvarsstrategi, der omfatter andre sikkerhedsforanstaltninger såsom forebyggelse af indtrængen, anti-virus og anti-malware-løsninger. Dette giver yderligere beskyttelseslag og reducerer risikoen for et vellykket angreb.

Opdater og patch firewalls regelmæssigt: Firewalls, som enhver software, kan have sårbarheder, der kan udnyttes af angribere. For at forhindre dette er det vigtigt at holde firewalls opdateret med de nyeste patches og opdateringer. Dette er med til at sikre, at alle kendte sårbarheder bliver rettet, og at firewallen forbliver sikker.

Konfigurer firewalls med mindst privilegium: Firewalls bør konfigureres med princippet om mindst privilegium i tankerne. Det betyder, at kun den mindst nødvendige adgang skal gives til brugere og applikationer. Ved at begrænse adgangen til netværksressourcer reduceres risikoen for uautoriseret adgang og databrud.

Overvåg Firewall-aktivitet: Firewalls bør overvåges regelmæssigt for mistænkelig aktivitet. Dette kan gøres gennem hændelseslogfiler, advarsler og andre overvågningsværktøjer. Overvågning af firewall-aktivitet hjælper med at identificere potentielle sikkerhedsbrud og muliggør hurtig handling for at mindske eventuelle risici.

Test firewallsikkerheden regelmæssigt: Regelmæssig test af firewallsikkerheden er afgørende for at identificere eventuelle svagheder eller sårbarheder. Penetrationstest og sårbarhedsvurderinger kan hjælpe med at identificere potentielle sårbarheder, der kunne udnyttes af angribere. Ved at teste firewallsikkerheden kan potentielle svagheder identificeres og løses, før de kan udnyttes.

Firewalls spiller en afgørende rolle i onlinesikkerhed ved at beskytte netværk mod uautoriseret adgang og cyberangreb. Ved at implementere og administrere firewalls korrekt kan organisationer reducere risikoen for databrud og cyberangreb markant. Efterhånden som teknologien udvikler sig, er det vigtigt at holde firewalls ajour og løbende evaluere og justere firewallpolitikker og -konfigurationer for at sikre maksimal effektivitet.

C.2. Kryptering

Kryptering er en metode til at konvertere almindelig tekst til chiffertekst, hvilket gør den ulæselig for uautoriserede parter.

Kryptering kan bruges til at beskytte følsomme oplysninger, såsom adgangskoder, finansielle oplysninger og personlige oplysninger, mod at blive opsnappet og læst af uautoriserede parter.

Vi undersøgte kryptering før i kapitlet "Metoder til beskyttelse af netværk mod angreb".

C.3. Intrusion Detection and Prevention Systems (IDPS)

Intrusion Detection and Prevention Systems (IDPS) er en vigtig del af enhver omfattende cybersikkerhedsstrategi. Disse systemer overvåger netværkstrafikken for tegn på angreb eller indtrængen. IDPS kan konfigureres til at registrere specifikke typer angreb og kan også konfigureres til automatisk at blokere indgående trafik, der matcher bestemte kriterier.

IDPS hjælper organisationer med at identificere og reagere på potentielle sikkerhedshændelser i realtid. Dette kapitel vil udforske nøglebegreberne for IDPS, typer af IDPS og bedste praksis for implementering og vedligeholdelse af en effektiv IDPS.

Hvad er et system til registrering og forebyggelse af indtrængen?

IDPS er et software- eller hardwaresystem, der overvåger netværks- og systemaktiviteter for ondsindet adfærd eller politikovertrædelser. IDPS er designet til at registrere, advare og reagere på potentielle sikkerhedshændelser i realtid. IDPS kan hjælpe organisationer med at forhindre uautoriseret adgang, datatyveri og andre cyberangreb ved at opdage og stoppe potentielle trusler, før de forårsager skade.

Typer af IDPS

Der er flere typer IDPS, hver med sine unikke styrker og svagheder. Følgende er de tre primære typer af IDPS:

Netværksbaseret IDPS: Netværksbaseret IDPS overvåger netværkstrafikken for tegn på ondsindet aktivitet. Netværksbaseret IDPS kan registrere trusler såsom portscanning, denial-of-service-angreb og malware-udbredelse. Netværksbaserede IDPS er implementeret på nøglepunkter i netværksinfrastrukturen, såsom routere, switches og firewalls.

Værtsbaseret IDPS: Værtsbaseret IDPS overvåger aktivitet på individuelle værter, såsom servere og arbejdsstationer. Værtsbaseret IDPS kan opdage trusler såsom malware-infektioner, uautoriseret adgang og dataeksfiltrering. Værtsbaserede IDPS er typisk installeret på hver vært og overvåger lokal systemaktivitet.

Hybrid IDPS: Hybrid IDPS kombinerer mulighederne for netværksbaseret og værtsbaseret IDPS. Hybrid IDPS kan overvåge netværkstrafik og værtsaktivitet, hvilket giver et mere omfattende overblik over potentielle trusler. Hybrid IDPS er implementeret på nøglepunkter i netværksinfrastrukturen og på individuelle værter.

Bedste praksis for implementering og vedligeholdelse af en effektiv IDPS

Implementering og vedligeholdelse af et effektivt IDPS kræver omhyggelig planlægning og udførelse. Følgende er nogle bedste praksisser for implementering og vedligeholdelse af en effektiv IDPS:

Definer sikkerhedspolitikker: Definer sikkerhedspolitikker, der styrer IDPS' adfærd. Sikkerhedspolitikker bør skitsere de typer aktiviteter, der er tilladt, og dem, der er forbudte. Sikkerhedspolitikker bør også definere tærsklen for udløsning af advarsler og meddelelser.

Vælg den rigtige type IDPS: Vælg den type IDPS, der passer bedst til din organisations behov. Netværksbaserede IDPS er ideelle til store organisationer med komplekse netværksinfrastrukturer, mens værtsbaserede IDPS er ideelle til små til mellemstore organisationer med et begrænset antal værter. Hybrid IDPS giver det mest omfattende overblik over potentielle trusler, men kræver et højere niveau af ressourcer.

Konfigurer IDPS korrekt: Konfigurer IDPS i henhold til din organisations sikkerhedspolitikker. Dette omfatter opsætning af alarmtærskler, definering af ekskluderingsregler og konfiguration af svarhandlinger.

Regelmæssig opdatering af IDPS: Opdater regelmæssigt IDPS for at sikre, at den har de nyeste sikkerhedsrettelser og trusselsintelligens. Regelmæssige opdateringer hjælper med at holde IDPS effektiv til at opdage og reagere på potentielle trusler.

Overvåg IDPS-aktivitet: Overvåg IDPS-aktivitet for at sikre, at den fungerer korrekt og registrerer potentielle trusler. Regelmæssig overvågning kan hjælpe med at identificere problemer eller huller i organisationens sikkerhedsposition.

Udfør regelmæssig test: Udfør regelmæssig test af IDPS for at sikre, at den er effektiv til at opdage og reagere på potentielle trusler. Penetrationstest og sårbarhedsscanning kan hjælpe med at identificere svagheder i IDPS og informere om forbedringer.

Træn personale: Træn personale i korrekt brug og vedligeholdelse af IDPS. Personale bør forstå, hvordan man reagerer på advarsler og meddelelser, og hvordan man rapporterer potentielle sikkerhedshændelser.

Intrusion Detection and Prevention Systems er kritiske komponenter i enhver organisations cybersikkerhedsstrategi. De hjælper med at opdage og reagere på potentielle sikkerhedshændelser i realtid og forhindrer uautoriseret adgang, datatyveri og andre cyberangreb. I dette kapitel undersøgte vi nøglebegreberne for IDPS, typer af IDPS, herunder netværksbaseret, værtsbaseret og hybrid IDPS, samt bedste praksis for implementering og vedligeholdelse af en effektiv IDPS.

Implementering og vedligeholdelse af et effektivt IDPS kræver omhyggelig planlægning, korrekt konfiguration, regelmæssige opdateringer, overvågning, test og personaletræning. Ved at definere sikkerhedspolitikker, vælge den rigtige type IDPS, konfigurere den korrekt, regelmæssigt opdatere den, overvåge dens aktivitet, udføre regelmæssige tests og træne personaleorganisationer, kan organisationer forbedre deres cybersikkerhedsposition og effektivt beskytte deres websteder og webapplikationer mod angreb.

Det er vigtigt at huske, at IDPS ikke er en ensartet løsning og bør skræddersyes til de specifikke behov og ressourcer i hver organisation. Regelmæssige gennemgange og opdateringer af IDPS-politikker, konfigurationer og teknologier er nødvendige for at tilpasse sig det udviklende trusselslandskab og sikre optimal ydeevne.

Det er vigtigt for organisationer at investere i IDPS som en del af deres overordnede cybersikkerhedsstrategi og forblive på vagt med at holde deres IDPS opdateret og effektiv i det stadigt udviklende landskab af cybertrusler. Med det rigtige IDPS på plads og korrekt ledelse kan organisationer forbedre deres onlinesikkerhedsposition markant og beskytte deres digitale aktiver.

C.4. Virtuelle private netværk (VPN'er):

VPN'er kan bruges til at beskytte følsomme oplysninger og til at sikre, at fjernbrugere kan få sikker adgang til interne netværk. De bliver mere og mere populære i nutidens digitale tidsalder, efterhånden som flere organisationer og enkeltpersoner søger at beskytte deres onlineaktiviteter mod nysgerrige øjne. I dette kapitel vil vi diskutere nøglebegreberne for VPN'er, hvordan de fungerer, de forskellige typer VPN'er og deres rolle i at beskytte websteder og webapplikationer mod angreb.

Hvad er en VPN?

En VPN er en sikker, krypteret forbindelse mellem en klientenhed og en fjernserver over internettet. Det opretter et privat netværk på det offentlige internet ved at kryptere al trafik mellem klientenheden og fjernserveren. Dette sikrer, at alle data, der overføres mellem de to endepunkter, er sikre og private.

Hvordan fungerer VPN'er?

Når en klientenhed opretter forbindelse til en VPN, opretter den en krypteret tunnel mellem enheden og VPN-serveren. Alle data, der transmitteres mellem de to endepunkter, er krypteret og kan kun dekrypteres af klienten og VPN-serveren. Dette betyder, at enhver tredjepart, der opsnapper dataene, kun vil se volapyk og ikke være i stand til at få adgang til de faktiske data.

VPN-serveren fungerer som en mellemmand mellem klientenheden og internettet. Alle anmodninger fra klientenheden sendes til VPN-serveren, som derefter sender dem videre til internettet.

VPN-serveren modtager derefter svaret fra internettet og sender det tilbage til klientenheden gennem den krypterede tunnel.

Typer af VPN'er

Der er to hovedtyper af VPN'er: VPN'er med fjernadgang og VPN'er fra sted til sted.

Fjernadgangs-VPN'er bruges typisk af individuelle brugere til sikker forbindelse til et virksomhedsnetværk fra en fjernplacering. De giver en sikker, krypteret forbindelse til virksomhedens netværk, hvilket giver fjernmedarbejdere adgang til ressourcer på netværket, som om de var fysisk til stede på kontoret.

Site-to-site VPN'er bruges på den anden side til at forbinde to eller flere netværk sikkert sammen over internettet. De skaber et virtuelt netværk mellem de forskellige websteder, så trafik kan overføres sikkert mellem dem.

Fordele ved VPN'er

VPN'er tilbyder flere fordele, når det kommer til at beskytte websteder og webapplikationer mod angreb. For det første krypterer de al trafik mellem klientenheden og fjernserveren, hvilket gør det umuligt for angribere at opsnappe og læse dataene. Dette er især vigtigt, når der overføres følsomme oplysninger såsom loginoplysninger, økonomiske data og personlige oplysninger.

For det andet kan VPN'er hjælpe med at beskytte mod Man-in-the-Middle (MitM) angreb. I et MitM-angreb opsnapper en angriber kommunikation mellem to parter og udgiver sig som en af parterne for at få adgang til følsomme oplysninger. Med en VPN er alle data krypteret og transmitteret sikkert, hvilket gør det meget sværere for angribere at opsnappe og manipulere med dataene.

Endelig kan VPN'er hjælpe med at beskytte mod DDoS-angreb (Distributed Denial of Service). I et DDoS-angreb oversvømmer en angriber et websted eller en webapplikation med trafik, overvælder serveren og får den til at gå ned. Ved at dirigere trafik gennem en VPN kan VPN-serveren fungere som en buffer mellem klientenheden og internettet, hvilket forhindrer serveren i at blive overvældet af trafik.

Implementering og vedligeholdelse af en effektiv VPN

For at implementere en effektiv VPN skal organisationer vælge den rigtige type VPN til deres behov og ressourcer, konfigurere den korrekt, regelmæssigt opdatere den og træne personale i brugen af den. Det er vigtigt at vælge en VPN-udbyder, der er troværdig og har et godt ry for sikkerhed.

Organisationer bør også sikre, at deres VPN er korrekt konfigureret med stærke krypterings- og autentificeringsprotokoller. Regelmæssige opdateringer til VPN-softwaren bør anvendes for at løse eventuelle sårbarheder eller fejl, der kan blive opdaget.

Endelig er personaleuddannelse afgørende for at sikre, at VPN'er bruges korrekt og sikkert. Medarbejdere bør trænes i korrekt brug af VPN'er, herunder hvordan man opretter forbindelse til og fra VPN'en, hvordan man identificerer potentielle sikkerhedsrisici og hvordan man rapporterer eventuelle problemer eller bekymringer. Det er også vigtigt at oplyse medarbejderne om vigtigheden af ikke at dele VPN-legitimationsoplysninger, bruge stærke og unikke adgangskoder og være forsigtig, når de tilgår websteder og webapplikationer, mens de er tilsluttet VPN.

Udfordringer og overvejelser

Selvom VPN'er er et kraftfuldt værktøj til at beskytte websteder og webapplikationer mod angreb, er der også udfordringer og overvejelser at huske på. Nogle af disse udfordringer omfatter:

Ydeevnepåvirkning: Kryptering og dekryptering af data kan tilføje overhead til netværket, hvilket kan resultere i reduceret ydeevne. Organisationer skal omhyggeligt evaluere VPN'ers indvirkning på netværkets ydeevne og overveje faktorer som båndbredde, latens og skalerbarhed.

VPN-udbyderes troværdighed: Ikke alle VPN-udbydere er skabt lige, og det er vigtigt at vælge en velrenommeret og troværdig VPN-udbyder. Nogle VPN-udbydere kan logge brugerdata, hvilket kan kompromittere privatlivets fred og sikkerhed for VPN-forbindelsen. Organisationer bør grundigt undersøge og evaluere VPN-udbydere, før de vælger en til deres behov.

Potentiale for VPN-lækager: VPN-lækager opstår, når VPN-forbindelsen ikke kan kryptere al trafik, hvilket tillader nogle data at lække uden for den krypterede tunnel. Dette kan ske på grund af fejlkonfigurationer, softwaresårbarheder eller andre problemer. Organisationer bør regelmæssigt teste for VPN-lækager og tage skridt til at løse eventuelle sårbarheder, der måtte blive identificeret.

Overholdelse og juridiske overvejelser: Organisationer skal også overveje overholdelse og lovkrav, når de implementerer VPN'er. Afhængigt af branchen og placeringen kan der være regler og love, der styrer brugen af VPN'er, såsom love om databeskyttelse, krav til datalokalisering og eksportkontrolregler. Organisationer bør sikre, at deres brug af VPN'er stemmer overens med disse krav.

Brugerbevidsthed og træning: At uddanne medarbejderne om korrekt brug af VPN'er og de risici, der er forbundet med ukorrekt brug, er afgørende. Brugere skal være opmærksomme på vigtigheden af at beskytte deres VPN-legitimationsoplysninger, undgå risikabel onlineadfærd, mens de er tilsluttet VPN og straks rapportere eventuelle problemer eller bekymringer. Regelmæssige trænings- og oplysningsprogrammer kan hjælpe med at sikre, at medarbejderne er årvågne og ansvarlige, når de bruger VPN'er.

Virtual Private Networks (VPN'er) er et værdifuldt værktøj til at beskytte websteder og webapplikationer mod angreb. De giver en sikker, krypteret forbindelse mellem klientenheder og fjernservere, hvilket sikrer, at data, der overføres over internettet, er sikre og private. Ved at kryptere data og dirigere trafik gennem en VPN kan organisationer beskytte mod aflytning, manipulation og DDoS-angreb. Implementering og vedligeholdelse af en effektiv VPN kræver dog omhyggelig overvejelse af præstationspåvirkning, VPN-udbyderes troværdighed, potentiale for lækager, overholdelse og lovkrav og brugerbevidsthed og træning.

Sammenfattende er VPN'er et kraftfuldt værktøj i onlinesikkerhedsarsenalet og kan give et ekstra lag af beskyttelse til websteder og webapplikationer. Ved omhyggeligt at vælge en pålidelig VPN-udbyder, konfigurere VPN'en korrekt, holde den opdateret og oplyse brugerne om dens korrekte brug kan organisationer forbedre deres sikkerhedsposition og mindske risikoen for angreb.

C.5. Adgangskontrol

Adgangskontrol er en grundlæggende komponent i onlinesikkerhed. Det involverer processen med at bestemme, hvem der kan få adgang til specifikke ressourcer, data eller funktionalitet på et websted eller en webapplikation. Adgangskontrolmekanismer bruges til at sikre, at kun autoriserede brugere kan få adgang til følsomme data eller funktionalitet, mens uautoriserede brugere nægtes adgang. I dette kapitel vil vi diskutere adgangskontrol og dens rolle i at beskytte websteder og webapplikationer mod angreb.

Typer af adgangskontrol

Der er flere typer adgangskontrolmekanismer, der kan bruges til at beskytte websteder og webapplikationer. Disse omfatter:

Rollebaseret adgangskontrol (RBAC): RBAC er en populær adgangskontrolmodel, der giver tilladelser til brugere baseret på deres roller i en organisation. Brugere tildeles specifikke roller, og disse roller får adgang til specifikke ressourcer eller funktionalitet. Denne model er nem at administrere og kan bruges til at håndhæve sikkerhedspolitikker på tværs af en organisation.

Attribut-baseret adgangskontrol (ABAC): ABAC er en mere fleksibel adgangskontrolmodel, der giver tilladelser baseret på en kombination af attributter, såsom brugerens rolle, placering, tidspunkt på dagen og andre faktorer. Denne model giver mulighed for mere detaljeret kontrol over adgang til ressourcer, men kan være mere kompleks at administrere.

Discretionary Access Control (DAC): DAC er en model, hvor ejeren af en ressource eller fil bestemmer, hvem der kan få adgang til den. Denne model er mindre sikker end RBAC eller ABAC, fordi den er afhængig af ejerens skøn for at bestemme adgangsrettigheder.

Mandatory Access Control (MAC): MAC er en model, hvor adgangsrettigheder bestemmes af en central myndighed. Denne model bruges ofte i højsikkerhedsmiljøer, såsom regerings- eller militærorganisationer, hvor adgang til følsomme data eller ressourcer er strengt kontrolleret.

Adgangskontrol bedste praksis

For at sikre effektiv adgangskontrol og beskytte websteder og webapplikationer mod angreb er der adskillige bedste praksis, som organisationer bør følge:

Princippet om mindste privilegium: Dette princip siger, at brugere skal have det minimumsniveau af adgang, der er nødvendigt for at udføre deres jobfunktioner. Dette reducerer risikoen for uautoriseret adgang og begrænser den potentielle virkning af et sikkerhedsbrud.

Stærk autentificering: Stærke autentificeringsmekanismer, såsom multi-factor authentication (MFA), bør bruges til at verificere brugernes identitet, før der gives adgang. Dette hjælper med at forhindre uautoriseret adgang til følsomme data eller funktionalitet.

Adgangsovervågning: Adgang til følsomme data eller funktionalitet bør overvåges for at opdage og forhindre uautoriseret adgang. Dette kan gøres ved brug af revisionslogfiler, indtrængendetekteringssystemer og andre overvågningsværktøjer.

Regelmæssig adgangsanmeldelser: Adgangsrettigheder bør gennemgås regelmæssigt for at sikre, at brugerne kun har adgang til de ressourcer, de har brug for. Dette er med til at sikre, at adgangsrettigheder er opdateret og reducerer risikoen for uautoriseret adgang.

Opdeling af opgaver: Adgangskontrol bør udformes til at forhindre, at en person har for meget kontrol over et system eller en proces. Dette reducerer risikoen for svindel eller uautoriseret adgang ved at forhindre, at en enkelt bruger har for meget magt.

Implementering af adgangskontrol

For at implementere adgangskontrol effektivt bør organisationer følge en struktureret tilgang:

Definer krav til adgangskontrol: Organisationer bør definere deres adgangskontrolkrav baseret på deres sikkerhedspolitikker, overholdelseskrav og risikovurderinger. Dette omfatter identifikation af de ressourcer, der skal beskyttes, de typer brugere, der kræver adgang, og de typer af adgang, der kræves.

Vælg adgangskontrolmekanismer: Organisationer bør vælge de passende adgangskontrolmekanismer baseret på deres krav. Dette kan omfatte RBAC, ABAC, DAC eller MAC, afhængigt af det nødvendige sikkerhedsniveau og kompleksiteten af miljøet.

Implementer adgangskontrolpolitikker: Adgangskontrolpolitikker bør implementeres for at håndhæve adgangskontrolmekanismer. Dette omfatter definering af roller og tilladelser, konfiguration af godkendelsesmekanismer og opsætning af adgangsovervågning og revision.

Test og evaluer: Adgangskontrolmekanismer bør testes og evalueres for at sikre deres effektivitet til at beskytte websteder og webapplikationer mod angreb. Dette kan involvere at udføre regelmæssige sikkerhedsaudits, sårbarhedsvurderinger og penetrationstest for at identificere og adressere eventuelle svagheder eller sårbarheder i adgangskontrolforanstaltningerne. Derudover bør overvågnings- og logningsmekanismer implementeres for at opdage og advare om eventuelle mistænkelige eller uautoriserede adgangsforsøg i realtid. Regelmæssig test og evaluering af adgangskontrolmekanismer kan hjælpe med at identificere og adressere eventuelle potentielle huller i sikkerheden, sikre, at adgang kun gives til autoriserede brugere og forhindre uautoriseret adgang til følsomme data eller ressourcer.

Et andet vigtigt aspekt af adgangskontrol er princippet om mindste privilegium, som involverer kun at give brugerne det minimumsniveau af adgang, de behøver for at udføre deres opgaver. Dette reducerer risikoen for utilsigtet eller bevidst misbrug af ressourcer ved at begrænse den potentielle skade, der kan forårsages af en enkelt bruger. For eksempel kan en bruger med begrænset adgang til et system ikke ved et uheld slette eller ændre kritiske filer, og de kan heller ikke med vilje få adgang til følsomme data, de ikke bør have tilladelse til at se.

Adgangskontrol involverer også godkendelses- og autorisationsprocesser. Autentificering verificerer en brugers identitet og sikrer, at de er dem, de udgiver sig for at være. Dette kan opnås gennem en række forskellige metoder, såsom brugernavne og adgangskoder, biometrisk autentificering eller multi-faktor autentificering. Autorisation bestemmer på den anden side, hvilke ressourcer en bruger har tilladelse til at få adgang til baseret på deres identitet og niveau af privilegier.

En almindelig metode til adgangskontrol er rollebaseret adgangskontrol (RBAC), som tildeler tilladelser baseret på en brugers jobfunktion eller rolle i en organisation. Denne tilgang forenkler processen med at administrere adgangskontrol ved at gruppere brugere i foruddefinerede roller og give dem adgang til de ressourcer, de har brug for til at udføre deres jobopgaver.

En anden tilgang til adgangskontrol er attributbaseret adgangskontrol (ABAC), som tager højde for en række brugerattributter såsom deres jobtitel, lokation og afdeling. ABAC gør det muligt for organisationer at implementere mere detaljerede adgangskontrolpolitikker ved at overveje flere faktorer, når de træffer adgangsbeslutninger.

Adgangskontrolmekanismer kan implementeres på en række forskellige måder, herunder firewalls, routere og andre sikkerhedsenheder, såvel som på applikations- og databaseniveau. Det er vigtigt regelmæssigt at gennemgå og opdatere adgangskontrolpolitikker og -mekanismer for at sikre, at de fortsat effektivt beskytter ressourcer mod uautoriseret adgang.

Adgangskontrol er en afgørende komponent i enhver online sikkerhedsstrategi. Det involverer implementering af politikker og mekanismer, der begrænser adgangen til ressourcer baseret på en brugers identitet og niveau af privilegier, samt at følge princippet om mindste privilegium. Ved at implementere effektive adgangskontrolforanstaltninger kan organisationer reducere risikoen for uautoriseret adgang til følsomme data og forhindre sikkerhedsbrud.

C.6. Patch Management

En af de essentielle metoder til at beskytte websteder og webapplikationer mod angreb er gennem effektiv patch management. Det er processen med at opdatere systemer og applikationer for at rette sikkerhedssårbarheder og forhindre udnyttelse. Regelmæssig patchning af systemer og applikationer kan hjælpe med at forhindre angreb, der udnytter kendte sårbarheder.

Patch management refererer til processen med regelmæssig opdatering og vedligeholdelse af softwareapplikationer med de seneste sikkerhedsrettelser udgivet af leverandører. Disse patches er designet til at adressere sårbarheder, fejl og svagheder i softwaren, som kan udnyttes af cyberkriminelle. Ved at holde sig ajour med patches kan organisationer reducere risikoen for cyberangreb markant, minimere potentielle skader og beskytte fortroligheden, integriteten og tilgængeligheden af deres websteder og webapplikationer.

I dette kapitel vil vi undersøge forviklingerne ved patch management som en kritisk komponent i online sikkerhed. Vi vil udforske udfordringerne forbundet med patch management, bedste praksis for implementering af en effektiv patch management strategi og fordelene ved at forblive proaktiv med at holde din software opdateret.

Vigtigheden af Patch Management

Softwareleverandører frigiver patches for at løse disse sårbarheder og beskytte deres software mod potentielle angreb. Men hvis disse patches ikke anvendes rettidigt, forbliver websteder og webapplikationer sårbare over for udnyttelse.

Patch management er afgørende for at beskytte websteder og webapplikationer af flere årsager:

Sårbarhedsbegrænsning: Cyberkriminelle er konstant på udkig efter sårbarheder i populære softwareapplikationer. Når en sårbarhed opdages og offentliggøres, bliver det et kapløb med tiden at lappe sårbarheden, før den kan udnyttes. Patch management giver organisationer mulighed for at være på forkant med cybertrusler ved at afbøde kendte sårbarheder og reducere angrebsoverfladen.

Forsvar i dybden: Online sikkerhed er en flerlags tilgang, og patch management er et vigtigt lag i den dybdegående forsvarsstrategi. Ved at anvende patches til softwareapplikationer tilføjer organisationer et ekstra lag af beskyttelse mod potentielle angreb. Dette supplerer andre sikkerhedsforanstaltninger, såsom firewalls, indtrængendetekteringssystemer (IDS) og antivirussoftware, for at skabe en robust sikkerhedsposition.

Overholdelseskrav: Mange industrier og lovgivningsmæssige rammer kræver, at organisationer vedligeholder opdaterede softwareapplikationer som en del af deres overholdelseskrav. Patch management sikrer, at organisationer opfylder disse regulatoriske forpligtelser og undgår sanktioner og juridiske konsekvenser.

Omdømmebeskyttelse: Et databrud eller et vellykket cyberangreb kan have alvorlige konsekvenser for en organisations omdømme. Kunder, partnere og interessenter kan miste tilliden til en organisations evne til at beskytte følsomme oplysninger. Patch management hjælper organisationer med at demonstrere deres engagement i sikkerhed og beskytte deres omdømme ved proaktivt at adressere kendte sårbarheder.

Udfordringer i Patch Management

Selvom patch management er afgørende for online sikkerhed, kan det være en kompleks og udfordrende proces. Organisationer står over for forskellige udfordringer med at implementere en effektiv patch management strategi. Lad os undersøge nogle af de almindelige udfordringer:

Patch-prioritering: Med de mange softwareapplikationer og leverandører i brug kan organisationer stå over for udfordringer med at prioritere, hvilke patches der skal anvendes først. Ikke alle patches er lige vigtige, og organisationer skal vurdere alvoren og den potentielle effekt af hvert patch, før de påføres. Dette kan være tidskrævende og kræver en god forståelse af organisationens risikovillighed og forretningsprioriteter.

Patchtest: Anvendelse af patches uden ordentlig test kan potentielt forstyrre softwareapplikationer eller forårsage utilsigtede konsekvenser. Organisationer skal teste patches i et kontrolleret miljø for at sikre, at de ikke introducerer nye problemer eller konflikter med eksisterende konfigurationer. Testning kan være ressourcekrævende og kan kræve koordinering mellem forskellige teams, herunder udvikling, drift og sikkerhed, for at sikre, at patches er grundigt testet før implementering.

Patch-kompatibilitet: Organisationer bruger ofte en bred vifte af softwareapplikationer fra forskellige leverandører, hver med sine egne udgivelsescyklusser og kompatibilitetskrav. Det kan være udfordrende at anvende patches til komplekse software-økosystemer, da patches til én softwareapplikation kan være i konflikt med en anden eller kræve yderligere konfigurationsændringer. Det kan være tidskrævende at sikre patch-kompatibilitet på tværs af forskellige softwareapplikationer og miljøer og kan kræve omhyggelig koordinering og testning.

Patch-implementering: Installation af patches på tværs af et stort antal servere, systemer og applikationer kan være en skræmmende opgave. Organisationer skal have en veldefineret og effektiv proces til implementering af patches, herunder ændringsstyring, rollback-procedurer og backup- og gendannelsesplaner i tilfælde af problemer under implementeringen. Koordinering mellem forskellige teams, korrekt planlægning og overvågning er afgørende for at sikre, at patches implementeres effektivt uden at forstyrre kritiske forretningsdrift.

Ældre systemer: Mange organisationer er stadig afhængige af ældre systemer og applikationer, som muligvis ikke modtager regelmæssige opdateringer og patches fra leverandører. Disse ældre systemer kan udgøre betydelige sikkerhedsrisici, da de kan have uadresserede sårbarheder, som kan udnyttes af angribere. Patching af ældre systemer kan være udfordrende på grund af kompatibilitetsproblemer, manglende leverandørsupport og potentiel afbrydelse af kritiske forretningsprocesser.

Bedste praksis for patchhåndtering

På trods af udfordringerne kan organisationer implementere en effektiv patch management strategi ved at følge bedste praksis. Her er nogle anbefalinger til vellykket programrettelseshåndtering:

Udvikle en patch-styringspolitik: Organisationer bør etablere en formel patch-styringspolitik, der skitserer procedurer, ansvar og tidsplaner for anvendelse af patches. Politikken bør stemme overens med organisationens risikovillighed, overholdelseskrav og forretningsprioriteter. Det bør også indeholde retningslinjer for patchprioritering, test, implementering og rollback-procedurer.

Hold dig informeret om sårbarheder: Organisationer bør holde sig informeret om de seneste sårbarheder og patches, der er udgivet af softwareleverandører. Dette kan gøres ved at abonnere på leverandørers mailinglister, sikkerhedsrådgivninger og branchenyheder. Organisationer bør også etablere relationer med leverandørkontakter og deltage i sikkerhedsfællesskaber og fora for at holde sig opdateret om nye trusler og sårbarheder.

Udfør regelmæssige sårbarhedsvurderinger: Regelmæssige sårbarhedsvurderinger kan hjælpe organisationer med at identificere potentielle sårbarheder i deres softwareapplikationer og prioritere patches i overensstemmelse hermed. Sårbarhedsscanningsværktøjer kan scanne systemer og applikationer for kendte sårbarheder og levere rapporter om alvoren og virkningen af hver sårbarhed. Disse oplysninger kan bruges til at prioritere patches baseret på risikovurdering og kritikalitet.

Test patches i et kontrolleret miljø: Før installation af patches i produktionsmiljøer bør organisationer teste dem grundigt i et kontrolleret miljø for at identificere eventuelle potentielle konflikter eller problemer. Test bør omfatte funktionstest, kompatibilitetstest og sikkerhedstest for at sikre, at patches ikke introducerer nye sårbarheder eller forstyrrer kritiske forretningsprocesser. Test bør udføres i et adskilt miljø, der nøje efterligner produktionsmiljøet for at sikre nøjagtighed.

Følg en risikobaseret patch-tilgang: Organisationer bør anvende en risikobaseret patch-tilgang, der prioriterer patches baseret på deres alvor, virkning og udnyttelsesevne. Kritiske patches, der adresserer sårbarheder med høj risiko for udnyttelse, bør prioriteres og implementeres så hurtigt som muligt, efterfulgt af patches til sårbarheder med lavere risiko. En risikobaseret tilgang sikrer, at organisationer fokuserer deres ressourcer på at adressere de mest kritiske sårbarheder først og minimerer den potentielle effekt af cyberangreb.

Automatiser patch-implementering: Organisationer bør udnytte automatiseringsværktøjer og -teknologier til at strømline patch-implementeringsprocessen. Automatisering kan hjælpe med at planlægge, implementere og overvåge patches på tværs af et stort antal systemer og applikationer, reducere menneskelige fejl og sikre konsistens i patch-administrationsprocedurer. Automatisering kan også hjælpe med at generere rapporter og spore patch-overholdelse.

Overvåg og overvåg patch-overholdelse: Organisationer bør implementere overvågnings- og revisionsmekanismer for at spore patch-overholdelse og sikre, at alle systemer og applikationer er opdateret med de nyeste patches. Regelmæssige revisioner kan hjælpe organisationer med at identificere huller i patch-håndteringsprocedurer og træffe korrigerende handlinger for at afhjælpe disse huller. Overvågning kan involvere brugen af sikkerhedsinformations- og hændelsesstyringsværktøjer (SIEM), loganalyse og sårbarhedsscanning for at opdage eventuelle afvigelser fra patchstyringspolitikken og omgående adressere dem.

Hold backup- og gendannelsesplaner på plads: Patching kan nogle gange resultere i uventede problemer, såsom systemfejl eller applikationsfejl. Organisationer bør have en veldefineret backup- og gendannelsesplan på plads for at sikre forretningskontinuitet i tilfælde af patch-relaterede afbrydelser. Dette inkluderer regelmæssig sikkerhedskopiering af kritiske systemer og applikationer, test af gendannelsesprocessen og at have en plan på plads for rollback-procedurer, hvis en patch-implementering mislykkes.

Uddan brugere og medarbejdere: Brugerbevidsthed og -uddannelse spiller en afgørende rolle for succesen med patchhåndtering. Organisationer bør regelmæssigt uddanne brugere og medarbejdere om vigtigheden af patchning, risikoen for uoprettede sårbarheder og den rolle, de spiller i at opretholde et sikkert onlinemiljø. Træningssessioner, oplysningskampagner og regelmæssige påmindelser kan hjælpe med at fremme en sikkerhedsbevidst kultur i organisationen.

Regelmæssig gennemgang og opdatering af Patch Management Procedurer: Patch management er en løbende proces, der kræver regelmæssig gennemgang og opdateringer. Organisationer bør med jævne mellemrum gennemgå deres patch-styringsprocedurer, politikker og værktøjer for at sikre, at de er effektive til at imødegå det skiftende trusselslandskab og skiftende forretningskrav. Feedback fra interessenter, erfaringer fra tidligere patch-implementeringer og industriens bedste praksis bør overvejes for løbende forbedringer.

Patch management er en kritisk komponent i online sikkerhed, der hjælper organisationer med at beskytte deres websteder og webapplikationer mod kendte sårbarheder og cyberangreb. Det kræver en omfattende og veldefineret tilgang, der omfatter sårbarhedsvurdering, patchprioritering, test, implementering, overvågning og brugerbevidsthed. Ved at følge bedste praksis kan organisationer sikre, at deres systemer og applikationer er opdaterede med de nyeste patches, hvilket reducerer risikoen for sikkerhedsbrud og opretholder et sikkert onlinemiljø. Husk, at patching ikke er en engangsopgave, men en kontinuerlig proces, der kræver omhu, koordinering og en proaktiv tilgang til at være på forkant med nye trusler og sårbarheder. Ved at prioritere patch management som en grundlæggende del af deres sikkerhedsstrategi kan organisationer forbedre deres online sikkerhedsposition markant og beskytte deres kritiske aktiver mod potentielle cybertrusler.

III. EMAIL SIKKERHED

A. Oversigt

E-mail er en af de mest udbredte kommunikationsformer og er essentiel for både personlig og erhvervsmæssig brug. Men med stigningen i e-mail-brug er der kommet en tilsvarende stigning i e-mail-baserede trusler. E-mail-sikkerhed er afgørende for at beskytte følsomme oplysninger, forhindre spredning af malware og opretholde fortroligheden og fortroligheden af e-mail-kommunikation. I dette kapitel vil vi undersøge nøgleelementerne i e-mail-sikkerhed og vigtigheden af at beskytte e-mail-systemer mod trusler.

A.1. Spam og phishing

Spam er uopfordrede kommercielle e-mails eller uønskede e-mails, der sendes i bulk. Spam-e-mails indeholder ofte vildledende oplysninger, falsk reklame eller svigagtige tilbud. De er designet til at promovere et produkt eller en tjeneste eller til at narre modtageren til at klikke på et link eller give personlige oplysninger. Nogle af de almindelige typer spam-e-mails er:

Annoncespam: Disse e-mails indeholder annoncer for produkter eller tjenester, som modtageren ikke har anmodet om eller bedt om.

Kæde-e-mails: Disse er e-mails, der indeholder en besked, der opfordrer modtageren til at videresende e-mailen til flere personer.

Svindel-e-mails: Disse er svigagtige e-mails, der foregiver at være fra en legitim kilde, såsom en bank eller et statsligt organ, og beder modtageren om at give følsomme oplysninger, såsom loginoplysninger, kreditkortoplysninger eller cpr-numre.

Phishing er en form for cyberangreb, der har til formål at stjæle følsom information ved at udgive sig for at være en troværdig kilde. Phishing-angreb involverer typisk afsendelse af en e-mail, der ser ud til at være fra en velrenommeret virksomhed, organisation eller enkeltperson. Mailen indeholder ofte et link til en falsk hjemmeside, der er designet til at ligne den rigtige. Når brugeren indtaster deres login-legitimationsoplysninger eller personlige oplysninger, kan angriberen bruge dem til deres egne formål.

Phishing-e-mails kan være meget overbevisende, og angriberne bruger ofte social engineering-teknikker for at vinde ofrets tillid. De kan bruge uopsættelighed, frygt eller nysgerrighed til at bede brugeren om at klikke på et link eller indtaste deres oplysninger. Nogle af de almindelige typer af phishing-e-mails er:

Spyd-phishing: Disse er målrettede phishing-angreb, der er tilpasset modtagerens interesser eller jobtitel.

Hvalfangst: Dette er phishing-angreb, der er rettet mod ledere på højt niveau, administrerende direktører eller andre personer med adgang til følsomme oplysninger.

Pharming: Dette er angreb, der omdirigerer brugeren til en falsk hjemmeside uden deres viden, ofte ved at manipulere DNS eller URL.

Nu hvor vi forstår, hvad spam og phishing er, lad os diskutere nogle bedste fremgangsmåder til at beskytte dig selv mod disse angreb:

Brug et spamfilter: De fleste e-mail-udbydere har indbyggede spamfiltre, der kan hjælpe med at reducere antallet af spam-e-mails, du modtager. Sørg for at slå denne funktion til, og gennemgå med jævne mellemrum din spam-mappe for at sikre, at legitime e-mails ikke bliver markeret som spam.

Vær forsigtig med ukendte afsendere: Hvis du modtager en e-mail fra en ukendt afsender, skal du ikke klikke på nogen links eller åbne nogen vedhæftede filer. Slet e-mailen, eller markér den som spam.

Tjek afsenderens e-mailadresse: Svindlere bruger ofte e-mailadresser, der ser ud som om de kommer fra en velrenommeret kilde. Tjek e-mail-adressen omhyggeligt for at sikre, at den er legitim.

Undgå at klikke på links: Hvis du modtager en e-mail med et link, skal du holde markøren over den for at se URL'en. Hvis det ser mistænkeligt ud, skal du ikke klikke på det. Indtast i stedet URL'en i din browser eller brug en søgemaskine til at finde den korrekte hjemmeside.

Tjek hjemmesidens sikkerhed: Før du indtaster personlige oplysninger på en hjemmeside, skal du kontrollere, om den er sikker. Se efter låseikonet i adresselinjen, og sørg for, at URL'en starter med "https" i stedet for "http".

Brug stærke adgangskoder: Brug unikke, komplekse adgangskoder til hver konto, og aktiver to-faktor-godkendelse, når det er muligt. Dette vil hjælpe med at forhindre angribere i at få adgang til dine konti, selvom de har din adgangskode.

Uddan dig selv: Hold dig opdateret om de seneste spam- og phishing-trends og -teknikker ved at læse sikkerhedsblogs og nyhedsartikler. Gør dig bekendt med de almindelige typer af svindel, og hvordan du identificerer dem. Del disse oplysninger med dine venner og familie, så de også kan beskytte sig selv.

Brug antivirussoftware: Installer antivirussoftware på din computer, og hold det opdateret. Dette vil hjælpe med at opdage og fjerne enhver malware, der kan være blevet installeret på dit system.

Vær på vagt over for presserende anmodninger: Hvis en e-mail eller et websted opfordrer dig til at træffe øjeblikkelige handlinger, såsom at give personlige oplysninger eller sende penge, skal du være forsigtig. Svindlere bruger ofte uopsættelighed til at presse ofrene til at træffe forhastede beslutninger.

Stol på dine instinkter: Hvis noget føles dårligt eller for godt til at være sandt, er det sandsynligvis det. Stol på dine instinkter og foretag ikke nogen handling, før du har bekræftet ægtheden af anmodningen.

Spam- og phishing-angreb udgør en betydelig trussel mod onlinesikkerhed. Ved at forstå, hvad spam og phishing er, hvordan de virker, og hvordan du beskytter dig selv mod dem, kan du minimere risikoen for at blive offer for disse angreb. Følg den bedste praksis, der er beskrevet i dette kapitel, og vær på vagt for at sikre, at dine onlineaktiviteter forbliver sikre.

A.2. Malware

Malware kan antage mange former, herunder vira, trojanske heste, orme, spyware, adware og ransomware. Hver af disse typer malware har et andet formål, men de deler alle det fælles mål om at kompromittere sikkerheden på dit computersystem. Nogle af de mest almindelige typer malware, der kan overføres via e-mail, er:

E-mail-virus: Disse er vira, der overføres via e-mail-vedhæftede filer. Når brugeren åbner den vedhæftede fil, udføres virussen, og den kan spredes til andre computere via e-mail.

Trojanske heste: Disse er malware-programmer, der udgiver sig som legitim software. Når brugeren installerer programmet, kan den trojanske hest bruges til at få uautoriseret adgang til brugerens computersystem.

Phishing-svindel: Nogle phishing-svindel kan omfatte malware-links eller vedhæftede filer. Når brugeren klikker på linket eller åbner den vedhæftede fil, installeres malwaren på deres computer.

Ransomware: Dette er en type malware, der krypterer brugerens filer og kræver løsesum i bytte for dekrypteringsnøglen.

Nu hvor vi forstår, hvad malware er, lad os diskutere nogle bedste fremgangsmåder til at beskytte dig selv mod malwareangreb:

Brug antivirussoftware: Installer antivirussoftware på din computer, og hold det opdateret. Dette vil hjælpe med at opdage og fjerne enhver malware, der kan være blevet installeret på dit system.

Vær på vagt over for ukendte afsendere: Hvis du modtager en e-mail fra en ukendt afsender, skal du ikke klikke på nogen links eller åbne nogen vedhæftede filer. Slet e-mailen, eller markér den som spam.

Tjek afsenderens e-mailadresse: Svindlere bruger ofte e-mailadresser, der ser ud som om de kommer fra en velrenommeret kilde. Tjek e-mail-adressen omhyggeligt for at sikre, at den er legitim.

Undgå at klikke på links: Hvis du modtager en e-mail med et link, skal du holde markøren over den for at se URL'en. Hvis det ser mistænkeligt ud, skal du ikke klikke på det. Indtast i stedet URL'en i din browser eller brug en søgemaskine til at finde den korrekte hjemmeside.

Tjek hjemmesidens sikkerhed: Før du indtaster personlige oplysninger på en hjemmeside, skal du kontrollere, om den er sikker. Se efter låseikonet i adresselinjen, og sørg for, at URL'en starter med "https" i stedet for "http".

Brug stærke adgangskoder: Brug unikke, komplekse adgangskoder til hver konto, og aktiver to-faktor-godkendelse, når det er muligt. Dette vil hjælpe med at forhindre angribere i at få adgang til dine konti, selvom de har din adgangskode.

Hold din software opdateret: Malware udnytter ofte sårbarheder i softwareprogrammer for at få adgang til dit computersystem. Sørg for at holde dit operativsystem og andre softwareprogrammer opdateret med de seneste sikkerhedsrettelser og opdateringer.

Uddan dig selv: Hold dig opdateret om de seneste malwaretrends og -teknikker ved at læse sikkerhedsblogs og nyhedsartikler. Gør dig bekendt med de almindelige typer malware, og hvordan du identificerer dem. Del disse oplysninger med dine venner og familie, så de også kan beskytte sig selv.

Sikkerhedskopier dine data: Sikkerhedskopier regelmæssigt dine vigtige data til en ekstern harddisk eller en skybaseret tjeneste. Dette vil hjælpe med at sikre, at dine filer kan gendannes i tilfælde af et malwareangreb.

Malwareangreb udgør en betydelig trussel mod online sikkerhed. Ved at forstå, hvad malware er, hvordan det virker, og hvordan du beskytter dig selv mod det, kan du reducere din risiko for at blive offer for et malwareangreb markant. Husk altid at bruge anti-virus software, vær på vagt over for ukendte afsendere, tjek afsenderens e-mailadresse, undgå at klikke på links og tjek hjemmesidens sikkerhed. Disse bedste praksis kombineret med en sund dosis skepsis og forsigtighed kan i høj grad holde dig sikker mod malwareangreb.

A.3. Email kryptering

Som vi undersøgte før i kapitlet "Metoder til beskyttelse af netværk mod angreb", er e-mail-kryptering et vigtigt værktøj til at beskytte følsomme oplysninger, der sendes via e-mail. I dette afsnit vil vi udforske det grundlæggende i e-mail-kryptering, hvordan det virker, og hvorfor det er vigtigt.

E-mail-kryptering involverer brugen af matematiske algoritmer til at kryptere indholdet af en e-mail-meddelelse, så den kun kan læses af den tilsigtede modtager. Dette opnås ved at kryptere beskeden ved hjælp af en offentlig nøgle, som kun kan dekrypteres af modtageren ved hjælp af deres private nøgle. Denne proces sikrer, at selvom en hacker opsnapper e-mailen, vil de ikke være i stand til at læse dens indhold uden den private nøgle.

Der er to hovedtyper af e-mail-kryptering: S/MIME og PGP (Pretty Good Privacy). S/MIME er en udbredt standard for e-mail-kryptering, der er indbygget i mange e-mail-klienter såsom Microsoft

Outlook og Apple Mail. PGP er på den anden side en mere fleksibel og udbredt krypteringsprotokol, der kan bruges med en række forskellige e-mail-klienter og platforme.

For at bruge e-mail-kryptering skal du anskaffe et digitalt certifikat, der indeholder din offentlige nøgle. Dette kan typisk fås fra en betroet tredjepartsudbyder eller genereres ved hjælp af krypteringssoftware. Når du har et digitalt certifikat, kan du aktivere kryptering på din e-mail-klient og begynde at sende krypterede beskeder.

En af de vigtigste fordele ved e-mail-kryptering er, at det giver dig mulighed for at overføre følsomme oplysninger sikkert. Dette er især vigtigt for virksomheder og organisationer, der beskæftiger sig med følsomme kundeoplysninger eller forretningshemmeligheder. Ved at kryptere e-mail-beskeder kan du sikre, at kun den påtænkte modtager kan læse meddelelsen, hvilket reducerer risikoen for informationstyveri eller databrud.

Det er dog vigtigt at bemærke, at e-mail-kryptering ikke er idiotsikker. Der er stadig måder, hvorpå angribere kan opsnappe og dekryptere krypterede e-mails. For eksempel kan en angriber opsnappe e-mailen, før den er krypteret, eller de kan hacke sig ind på modtagerens e-mail-konto og få adgang til deres private nøgle.

For at maksimere sikkerheden for dine krypterede e-mails er det vigtigt at følge bedste praksis. Dette inkluderer brug af stærke adgangskoder til at beskytte dit digitale certifikat, holde din software opdateret og være forsigtig med, hvem du deler din offentlige nøgle med.

Ud over at bruge e-mail-kryptering er der andre trin, du kan tage for at beskytte din e-mail-kommunikation. For eksempel kan du bruge sikre e-mail-udbydere, der tilbyder ende-til-ende-kryptering, som sikrer, at dine e-mails til enhver tid er krypteret, også når de er gemt på e-mail-serveren.

Generelt er e-mail-sikkerhed et væsentligt aspekt af beskyttelsen af følsomme oplysninger og opretholdelsen af privatlivets fred og fortroligheden af e-mail-kommunikation. At forstå nøgleelementerne i e-mail-sikkerhed, herunder spam, phishing, malware og e-mail-kryptering, er afgørende for organisationer og enkeltpersoner, der ønsker at beskytte deres e-mail-systemer mod trusler. I det næste kapitel vil vi undersøge de metoder, der bruges til at beskytte mod e-mail-baserede trusler og vigtigheden af at implementere e-mail-sikkerhedsforanstaltninger.

B. Typer af e-mailangreb og hvordan de virker

E-mail-baserede angreb er en voksende trussel mod organisationer og enkeltpersoner og kan forårsage betydelig skade på computersystemer, stjæle følsomme oplysninger og forstyrre normal forretningsdrift. I dette kapitel vil vi undersøge de forskellige typer af e-mail-angreb, og hvordan de virker, herunder phishing, malware og spear phishing.

B.1. Phishing

Phishing er en form for onlineangreb, hvor en angriber sender en svigagtig e-mail til et offer i et forsøg på at narre dem til at afsløre følsomme oplysninger, såsom login-legitimationsoplysninger eller kreditkortnumre. E-mailen kan se ud til at komme fra en legitim kilde, såsom en bank eller et e-handelswebsted og indeholder ofte et link til en falsk login-side, der er designet til at stjæle ofrets legitimationsoplysninger.

Hvordan fungerer phishing?

Phishing-angreb begynder typisk med en e-mail sendt til offeret. E-mailen er designet til at se ud, som om den kom fra en legitim kilde, såsom en bank eller et e-handelswebsted. E-mailen vil ofte indeholde et link til en falsk login-side, der er designet til at ligne den ægte vare. Offeret bliver derefter bedt om at indtaste deres loginoplysninger, som sendes direkte til angriberen.

I nogle tilfælde kan angriberen også bruge social engineering taktik for at gøre offeret mere tilbøjeligt til at falde for fidusen. For eksempel kan e-mailen indeholde en presserende anmodning til offeret om at opdatere deres kontooplysninger eller om at ændre deres adgangskode med det samme. Angriberen kan også skabe en følelse af uopsættelighed ved at true med at suspendere ofrets konto eller træffe andre straffeforanstaltninger, hvis de ikke overholder det.

Sådan beskytter du dig selv mod phishing

Der er flere trin, du kan tage for at beskytte dig selv mod phishing-angreb:

Vær på vagt over for e-mails fra ukendte afsendere: Hvis du modtager en e-mail fra en ukendt afsender, skal du være forsigtig med at klikke på links eller åbne vedhæftede filer. Det er muligt, at e-mailen kan være et phishing-forsøg.

Bekræft afsenderen: Hvis du modtager en e-mail fra en afsender, der hævder at være en legitim organisation, såsom en bank eller et e-handelswebsted, skal du bekræfte afsenderens identitet, før du svarer på e-mailen eller klikker på et link. Det kan du normalt gøre ved at tjekke afsenderens e-mailadresse, som skal matche organisationens domænenavn.

Se efter advarselstegn: Phishing-e-mails indeholder ofte stave- eller grammatiske fejl eller kan bruge alt for presserende sprog for at skabe en følelse af panik. Vær på udkig efter disse advarselsskilte og tag dem som et rødt flag.

Brug to-faktor-godkendelse: Mange websteder tilbyder nu to-faktor-godkendelse, som kræver, at brugere indtaster en sekundær kode ud over deres adgangskode. Dette kan hjælpe med at beskytte mod phishing-angreb, da selv hvis en angriber får adgang til din adgangskode, vil de ikke kunne få adgang til din konto uden den sekundære kode.

Hold din software opdateret: Mange phishing-angreb udnytter softwaresårbarheder for at få adgang til et offers computer eller konto. Ved at holde din software opdateret kan du reducere risikoen for disse typer angreb.

Phishing er en alvorlig trussel, der kan resultere i betydelige økonomiske tab og skade på dit personlige eller professionelle omdømme. Ved at være på vagt og tage de passende forholdsregler kan du beskytte dig selv mod disse typer angreb og holde dine følsomme oplysninger sikre.

B.2. Malware

Som vi undersøgte før, er malware en type software designet til at forårsage skade på computersystemer. Malware kan spredes via vedhæftede filer eller links og kan forårsage skade på en brugers computer eller stjæle følsomme oplysninger. E-mail-baseret malware kan antage mange former, herunder vira, orme og trojanske heste og kan være svær at opdage og fjerne. Når først malware er blevet installeret på en computer, kan den bruges til at stjæle følsomme oplysninger, såsom loginoplysninger og økonomiske data eller til at kontrollere computeren til ondsindede formål.

Spyd-phishing

Spear phishing er en form for phishing-angreb, der er rettet mod bestemte personer eller organisationer. I modsætning til traditionelle phishing-angreb, som sendes til et stort antal individer, er spear-phishing-angreb omhyggeligt udformet til at se ud, som om de kommer fra en pålidelig kilde, såsom en kollega eller forretningspartner. Angriberen vil ofte indsamle oplysninger om målet, såsom deres jobtitel, personlige interesser og e-mailadresser, for at skabe et mere overbevisende og målrettet phishing-angreb.

Hvordan fungerer spear phishing?

Spear-phishing fungerer ved at sende en målrettet e-mail, der ser ud til at komme fra en betroet kilde, såsom en kollega, ven eller familiemedlem. E-mailen kan indeholde et link til et ondsindet websted, en vedhæftet fil, der indeholder malware eller en anmodning om følsomme oplysninger, såsom adgangskoder eller kreditkortnumre.

E-mailen er omhyggeligt udformet, så den ser legitim ud og skaber en følelse af uopsættelighed eller frygt hos modtageren. For eksempel kan e-mailen hævde, at modtagerens bankkonto er blevet kompromitteret, og at de skal indtaste deres kontooplysninger med det samme for at forhindre yderligere skade.

Når modtageren klikker på linket eller åbner den vedhæftede fil, downloades malwaren til deres computer. Malwaren kan derefter bruges til at stjæle følsomme oplysninger, såsom adgangskoder, kreditkortnumre og personlige data.

Hvorfor er spear phishing så effektivt?

Spear phishing er så effektivt, fordi det er personligt og målrettet mod specifikke individer eller grupper. E-mailen ser ud til at komme fra en pålidelig kilde og kan indeholde oplysninger, som kun modtageren kender. Dette skaber en følelse af tillid og gør, at modtageren er mere tilbøjelig til at klikke på linket eller åbne den vedhæftede fil.

Derudover er spear phishing-angreb ofte tidsbestemt til at falde sammen med specifikke begivenheder, såsom helligdage eller store nyhedsbegivenheder. Dette øger sandsynligheden for, at modtageren bliver distraheret eller optaget og mindre tilbøjelig til at granske e-mailen nøje.

Hvordan beskytter man mod spear phishing?

Der er flere trin, som enkeltpersoner og organisationer kan tage for at beskytte sig selv mod spear phishing-angreb.

Uddannelse: En af de mest effektive måder at beskytte sig mod phishing-angreb på er at oplyse enkeltpersoner om risiciene og hvordan man identificerer phishing-e-mails. Dette inkluderer træning af medarbejdere i, hvordan man genkender mistænkelige e-mails, hvordan man kontrollerer ægtheden af en e-mail, og hvordan man rapporterer mistænkte phishing-forsøg.

To-faktor-godkendelse: Implementering af to-faktor-godkendelse for følsomme konti kan hjælpe med at forhindre uautoriseret adgang, selvom angriberen har fået brugerens adgangskode.

Anti-malware-software: Installation af anti-malware-software på alle enheder kan hjælpe med at forhindre malware i at blive downloadet til enheden.

Brug af spamfiltre: Implementering af spamfiltre kan hjælpe med at blokere mistænkelige e-mails, før de når modtagerens indbakke.

Regelmæssige softwareopdateringer: Regelmæssig opdatering af software kan hjælpe med at forhindre sårbarheder, der kan udnyttes af angribere.

Brug af kryptering: Brug af kryptering til følsomme data kan hjælpe med at forhindre angribere i at opsnappe og stjæle data.

Spear phishing er en yderst effektiv form for e-mail-angreb, der kan forårsage betydelig skade på enkeltpersoner og organisationer. Men ved at tage de nødvendige forholdsregler kan enkeltpersoner og organisationer beskytte sig selv mod spear phishing-angreb. Uddannelse, to-faktor-godkendelse, anti-malware-software, spamfiltre, regelmæssige softwareopdateringer og kryptering er alle vigtige trin i beskyttelsen mod spear-phishing-angreb.

E-mail-baserede angreb er en voksende trussel mod organisationer og enkeltpersoner og kan forårsage betydelig skade på computersystemer, stjæle følsomme oplysninger og forstyrre normal forretningsdrift. Forståelse af de forskellige typer e-mail-angreb, og hvordan de virker, herunder phishing, malware og spear-phishing er afgørende for organisationer og enkeltpersoner, der ønsker at beskytte deres e-mail-systemer mod trusler. I det næste kapitel vil vi undersøge de metoder, der bruges til at beskytte mod e-mail-baserede trusler og vigtigheden af at implementere e-mail-sikkerhedsforanstaltninger.

C. Metoder til at beskytte e-mail-systemer mod angreb

E-mail-baserede angreb er en voksende trussel mod organisationer og enkeltpersoner, og det er vigtigt at tage skridt til at beskytte e-mail-systemer mod disse trusler. I dette kapitel vil vi undersøge de metoder, der bruges til at beskytte mod e-mail-baserede trusler, og vigtigheden af at implementere e-mail-sikkerhedsforanstaltninger.

C.1. Anti-virus og anti-malware software

En af de mest effektive måder at beskytte mod e-mail-baserede trusler på er at installere og regelmæssigt opdatere anti-virus og anti-malware software. Denne software er designet til at opdage og fjerne skadelig software, såsom vira, orme og trojanske heste, før de kan forårsage skade på computersystemer. Antivirus- og anti-malware-software kan konfigureres til at scanne indgående e-mail-beskeder og vedhæftede filer og til at fjerne eventuelle opdagede trusler.

C.2. E-mail filtrering

En anden effektiv metode til at beskytte e-mail-systemer mod angreb er at implementere e-mail-filtrering. E-mail-filtreringssoftware kan konfigureres til at identificere og blokere e-mail-meddelelser, der indeholder ondsindede vedhæftede filer eller links, eller som ser ud til at komme fra mistænkelige eller ukendte kilder. Denne software kan også konfigureres til at blokere meddelelser, der indeholder bestemte søgeord eller sætninger, eller som matcher bestemte mønstre forbundet med spam- eller phishing-angreb.

Hvorfor er e-mailfiltrering vigtig?

E-mailfiltrering er vigtig af flere årsager. For det første er e-mail en primær kommunikationsmetode for de fleste organisationer, og derfor er det et primært mål for angribere. Ondsindede e-mails kan indeholde vira, malware eller andre former for ondsindet kode, der kan inficere modtagerens enhed eller netværk.

For det andet kan e-mailfiltrering hjælpe med at forhindre phishing-angreb. Phishing-angreb er en almindelig type e-mail-angreb, der er designet til at narre modtageren til at afsløre følsomme oplysninger, såsom login-legitimationsoplysninger eller økonomiske data. Ved at bortfiltrere phishing-e-mails, før de når modtagerorganisationerne, kan man reducere risikoen for et vellykket angreb markant.

For det tredje kan e-mailfiltrering hjælpe med at forhindre spam. Spam er uopfordret e-mail, der sendes i bulk. Det bruges ofte til at distribuere malware eller phishing-e-mails. Ved at bortfiltrere spam kan organisationer reducere mængden af tid og ressourcer brugt på at håndtere uønskede e-mails.

Typer af e-mail-filtrering

Der er flere typer e-mail-filtrering, som organisationer kan bruge til at beskytte deres e-mail-systemer mod angreb.

Indholdsfiltrering: Indholdsfiltrering er processen med at analysere indholdet af en e-mail for at identificere potentielt skadeligt eller uønsket indhold. Dette kan omfatte analyse af teksten i e-mailen, vedhæftede filer og indlejrede links.

Filtrering af vedhæftede filer: Filtrering af vedhæftede filer er processen med at analysere e-mailvedhæftede filer for at identificere potentielt ondsindede filer, såsom eksekverbare filer, scripts og makroer.

Afsenderfiltrering: Afsenderfiltrering er processen med at analysere afsenderens e-mailadresse for at identificere potentielt ondsindede afsendere. Dette kan omfatte blokering af e-mails fra kendte spam-afsendere eller blokering af e-mails fra bestemte lande eller områder.

Omdømmefiltrering: Omdømmefiltrering er processen med at analysere omdømmet for afsenderens IP-adresse eller domæne. Dette kan omfatte blokering af e-mails fra kendte kilder til spam eller malware.

Adfærdsfiltrering: Adfærdsfiltrering er processen med at analysere e-mail-modtagerens adfærd for at identificere potentielt ondsindede e-mails. For eksempel, hvis en e-mail sendes til flere modtagere, som ikke typisk kommunikerer med hinanden, kan den blive markeret som potentielt ondsindet.

Sådan implementeres e-mail-filtrering

Implementering af e-mailfiltrering kræver en kombination af teknologi, politikker og procedurer. Her er nogle trin, som organisationer kan tage for at implementere effektiv e-mailfiltrering:

Definer filtreringspolitikker: Organisationer bør definere politikker for filtrering af e-mails baseret på visse kriterier, såsom afsender, emnelinje, indhold og type vedhæftet fil. Disse politikker bør være baseret på organisationens sikkerhedskrav og risikoprofil.

Vælg en filtreringsløsning: Organisationer kan vælge mellem en række forskellige e-mailfiltreringsløsninger, herunder cloud-baserede løsninger og lokale løsninger. Løsningen skal være i stand til at filtrere e-mails baseret på de definerede politikker og give advarsler eller rapporter om potentielt ondsindede e-mails.

Uddanne medarbejdere: Medarbejdere bør trænes i, hvordan de identificerer potentielt ondsindede e-mails, og hvordan de rapporterer dem til it-afdelingen. Dette kan omfatte træning i, hvordan man genkender phishing-e-mails, hvordan man kontrollerer ægtheden af en e-mail, og hvordan man rapporterer formodede phishing-forsøg.

Test filtreringsløsningen: Organisationer bør regelmæssigt teste deres e-mailfiltreringsløsning for at sikre, at den er effektiv til at identificere og blokere potentielt ondsindede e-mails. Dette kan omfatte test af løsningen mod kendt malware og phishing-e-mails.

Afslutningsvis er e-mail-filtrering en kritisk metode til at beskytte e-mail-systemer mod angreb. Ved at implementere effektiv e-mail-filtrering og tage andre skridt til at beskytte e-mail-systemer kan organisationer reducere risikoen for et vellykket e-mailangreb markant. Det er dog vigtigt at erkende, at e-mail-angreb konstant udvikler sig, og organisationer skal forblive årvågne og proaktive i deres tilgang til e-mail-sikkerhed.

C.3. E-mail-godkendelse

E-mail-godkendelse er en metode til at bekræfte identiteten på afsenderen af en e-mail-meddelelse. Det er en væsentlig komponent i e-mail-sikkerhed, da det kan hjælpe med at forhindre e-mail-spoofing og andre former for e-mail-baserede angreb.

E-mail-godkendelse fungerer ved at bruge forskellige godkendelsesmekanismer til at validere, at e-mail-meddelelsen er kommet fra den afsender, den hævder at være fra. Disse mekanismer omfatter:

Sender Policy Framework (SPF): SPF er en e-mail-godkendelsesmekanisme, der gør det muligt for ejeren af et domæne at angive, hvilke IP-adresser der er godkendt til at sende e-mail-meddelelser fra det pågældende domæne. SPF fungerer ved at udgive en liste over autoriserede IP-adresser i domænets DNS-poster. Når en e-mail-meddelelse modtages, kontrollerer modtagerens e-mail-server SPF-posten for at bekræfte, at IP-adressen på afsenderserveren er autoriseret til at sende e-mail fra afsenderens domæne.

DomainKeys Identified Mail (DKIM): DKIM er en e-mail-godkendelsesmekanisme, der tilføjer en digital signatur til e-mail-meddelelseshovedet for at bekræfte, at meddelelsen ikke er blevet manipuleret under transporten. Den digitale signatur oprettes ved hjælp af en privat nøgle, der er gemt på afsenderens e-mail-server, og modtagerens e-mail-server bruger den offentlige nøgle, som er offentliggjort i afsenderens DNS-records, til at verificere signaturen.

Domænebaseret meddelelsesgodkendelse, rapportering og overensstemmelse (DMARC): DMARC er en e-mail-godkendelsesprotokol, der bruger SPF og DKIM til at levere en omfattende e-mail-godkendelsesløsning. DMARC giver domæneejeren mulighed for at angive, hvordan modtagerens e-mail-server skal håndtere e-mail-meddelelser, der ikke SPF- eller DKIM-tjek. DMARC leverer også rapporteringsfunktioner, der giver domæneejere mulighed for at overvåge og analysere e-mail-trafik.

Ved at bruge disse e-mail-godkendelsesmekanismer kan organisationer væsentligt reducere risikoen for e-mail-baserede angreb, såsom phishing og spoofing. Det er dog vigtigt at bemærke, at e-mail-godkendelse ikke er idiotsikker, og angribere kan stadig finde måder at omgå det. Derfor er det vigtigt at implementere andre e-mail-sikkerhedsforanstaltninger, såsom e-mailfiltrering og medarbejderuddannelse, for at give en omfattende e-mail-sikkerhedsløsning.

Implementering af e-mail-godkendelse kan også have andre fordele ud over sikkerhed. For eksempel kan det hjælpe med at forbedre e-mail-leverancen ved at reducere sandsynligheden for, at legitime e-mail-beskeder bliver markeret som spam. E-mail-godkendelse kan også hjælpe organisationer med at opbygge tillid til deres kunder ved at demonstrere, at de tager skridt til at beskytte deres e-mail-kommunikation.

E-mail-godkendelse er en vigtig komponent i e-mail-sikkerhed. Ved at implementere SPF kan DKIM og DMARC-organisationer reducere risikoen for e-mail-baserede angreb markant og forbedre e-mail-leverancen. Det er dog vigtigt at erkende, at e-mail-godkendelse kun er en del af e-mailsikkerhedspuslespillet, og organisationer skal tage en omfattende tilgang til e-mail-sikkerhed for effektivt at beskytte deres e-mail-systemer.

C.4. Brugerbevidsthed og træning

En af de vigtigste ting, som organisationer kan gøre for at beskytte deres e-mail-systemer, er at uddanne brugerne om bedste praksis. Dette omfatter:

- Undgå at klikke på mistænkelige links eller åbne vedhæftede filer fra ukendte kilder
- Bekræftelse af afsenderens e-mailadresse, før du svarer på eller klikker på links i en e-mail
- Brug stærke adgangskoder og skift dem regelmæssigt
- Aktiverer to-faktor-godkendelse for at tilføje et ekstra lag af sikkerhed
- Holde software og sikkerhedssystemer opdateret

- Rapportering af enhver mistænkelig aktivitet til it- eller sikkerhedspersonale

C.5. Overvågning og reaktion på e-mailtrusler

Selv med den bedste uddannelse og de bedste værktøjer på plads, er det stadig muligt for e-mailtrusler at slippe igennem. Derfor er det vigtigt at have en plan på plads for overvågning og reaktion på disse trusler. Dette kan omfatte:

- Overvåger regelmæssigt e-mailtrafik for tegn på mistænkelig aktivitet
- At have en plan på plads for at reagere på potentielle trusler, herunder at identificere kilden til truslen, at begrænse skaden og underrette berørte parter
- Udførelse af regelmæssige sikkerhedsaudits og sårbarhedsvurderinger for at identificere potentielle svagheder i e-mailsystemet
- Holde sig ajour med de seneste trusler og tendenser inden for e-mail-sikkerhed og justere sikkerhedsforanstaltninger i overensstemmelse hermed

Beskyttelse af e-mail-systemer mod angreb er en kompleks og løbende proces, der kræver en kombination af uddannelse, værktøjer og årvågenhed. Ved at uddanne brugerne i bedste praksis, give dem de værktøjer, de har brug for for at forblive sikre, og overvågning og reaktion på potentielle trusler kan organisationer hjælpe med at minimere risikoen for et vellykket angreb.

IV. DATASIKKERHED

A. **Oversigt**

Datasikkerhed er praksis med at beskytte følsomme oplysninger mod uautoriseret adgang, brug, offentliggørelse, afbrydelse, ændring eller ødelæggelse. Datasikkerhed bliver stadig vigtigere, da både enkeltpersoner og organisationer opbevarer mere følsomme oplysninger elektronisk. I dette kapitel vil vi give et overblik over datasikkerhed og dens betydning.

A.1. Typer af følsom information

Følsomme oplysninger kan komme i mange former, herunder personlige oplysninger, finansielle oplysninger, forretningshemmeligheder og meget mere. Vigtigheden af at beskytte disse oplysninger kan variere, men det er altid vigtigt at træffe passende foranstaltninger for at forhindre uautoriseret adgang, brug eller videregivelse.

A.2. Datasikkerhedstrusler

Der er mange forskellige typer trusler mod datasikkerheden, herunder uautoriseret adgang, tyveri, tab og ødelæggelse. Disse trusler kan komme fra en række forskellige kilder, herunder ondsindede insidere, eksterne angribere og naturkatastrofer.

A.3. Vigtigheden af datasikkerhed

Datasikkerhed er vigtig af flere årsager, herunder:
Beskyttelse af følsomme oplysninger mod uautoriseret adgang, brug eller videregivelse.
Forebyggelse af tab eller tyveri af følsomme oplysninger.
Opretholdelse af fortroligheden, integriteten og tilgængeligheden af følsomme oplysninger.
Overholdelse af lovmæssige og regulatoriske krav, såsom love om beskyttelse af personlige oplysninger og databeskyttelsesforordninger.
Beskyttelse af en organisations omdømme og brand.
Datasikkerhedsstandarder og -forskrifter
For at hjælpe organisationer med at beskytte følsomme oplysninger er der en række datasikkerhedsstandarder og regler, som

organisationer kan følge. Nogle eksempler på disse standarder og regler omfatter betalingskortindustriens datasikkerhedsstandard (PCI DSS), Health Insurance Portability and Accountability Act (HIPAA) og General Data Protection Regulation (GDPR).

Datasikkerhed er et vigtigt emne for både enkeltpersoner og organisationer, og det er vigtigt at være opmærksom på typerne af datasikkerhedstrusler, og hvordan de kan forebygges. I det næste kapitel vil vi undersøge de skridt, som organisationer kan tage for at beskytte deres følsomme oplysninger og opretholde et sikkert datamiljø.

B. Typer af datasikkerhedstrusler og hvordan de virker

Datasikkerhedstrusler kommer i mange former og kan komme fra en række forskellige kilder, herunder ondsindede insidere, eksterne angribere og naturkatastrofer. Vi vil give et resumé for nogle af emnerne i dette afsnit, da de er blevet grundigt diskuteret i tidligere afsnit, men vi vil dykke ned i emnet ransomware i detaljer.

B.1. Malware

Malware er ondsindet software, der er designet til at forårsage skade på et computersystem. Dette kan blandt andet omfatte vira, orme og trojanske heste. Malware kan inficere et computersystem på en række forskellige måder, herunder vedhæftede filer i e-mail, inficeret software og drive-by-downloads fra inficerede websteder.

B.2. Phishing

Phishing er en type social engineering-angreb, der bruger e-mail eller anden elektronisk kommunikation til at narre enkeltpersoner til at afsløre følsomme oplysninger. Phishing-angreb har ofte form af e-mails, der ser ud til at være fra en legitim kilde, såsom en finansiel institution, men som faktisk er fra angribere, der forsøger at stjæle følsomme oplysninger.

B.3. Man-in-the-Middle-angreb

Man-in-the-middle-angreb opstår, når en angriber opsnapper og manipulerer kommunikationen mellem to parter. Dette kan omfatte opsnapning af følsomme oplysninger, såsom login-legitimationsoplysninger og manipulation af kommunikationen for at stjæle følsomme oplysninger eller forårsage skade på et computersystem.

B.4 Ransomware

I de senere år er ransomware dukket op som en af de mest udbredte og farlige cybertrusler mod både enkeltpersoner og organisationer. Ransomware er en type malware, der krypterer et offers data og kræver en løsesum i bytte for dekrypteringsnøglen. I dette kapitel vil vi udforske de forskellige typer af ransomware og de metoder, der bruges til at inficere systemer, samt trin, der kan tages for at forhindre og afbøde skaden forårsaget af ransomware-angreb.

Typer af ransomware:

Der er to hovedtyper af ransomware: crypto ransomware og locker ransomware. Crypto ransomware er den mest almindelige type og krypterer et offers data, hvilket gør det utilgængeligt, indtil løsesummen er betalt. Locker ransomware låser på den anden side offeret ude af deres system ved at ændre loginoplysningerne eller låse skærmen.

Ud over disse to hovedtyper er der også hybride ransomware-stammer, der kombinerer funktionerne fra både krypto- og locker-ransomware. Disse hybridstammer kan kryptere ofrets data og derefter låse dem ude af deres system.

Crypto Ransomware

Crypto ransomware krypterer ofrets filer og kræver en løsesum i bytte for dekrypteringsnøglen. Udtrykket "krypto" refererer til de krypteringsalgoritmer, der bruges af malwaren til at kryptere ofrets filer, hvilket gør dem ulæselige og utilgængelige.

Krypteringsprocessen involverer at konvertere de originale data til et ulæseligt format, kendt som chiffertekst, ved hjælp af en kompleks matematisk algoritme. Krypteringsalgoritmen, der bruges af crypto ransomware, er typisk meget stærk og næsten umulig at bryde uden dekrypteringsnøglen. Dekrypteringsnøglen er typisk i besiddelse af de cyberkriminelle, der har oprettet ransomwaren, og de vil kræve en løsesum i bytte for nøglen.

Når et offers filer er blevet krypteret, vil de blive præsenteret med en løsesumseddel, typisk i form af et pop-up vindue eller en tekstfil, som vil forklare vilkårene for løsesummen. Løsesedlen vil typisk indeholde instruktioner om, hvordan man betaler løsesummen og får dekrypteringsnøglen. Løsebeløbet, som cyberkriminelle kræver, varierer meget, men det er ofte i størrelsesordenen tusindvis af dollars.

Den mest almindelige måde, hvorpå crypto ransomware inficerer systemer, er gennem phishing-e-mails. Cyberkriminelle vil sende e-mails til intetanende ofre, der indeholder en ondsindet vedhæftet fil eller et link til et websted, der indeholder malwaren. Når offeret klikker på den vedhæftede fil eller besøger webstedet, vil ransomwaren blive installeret på deres system. Vi undersøgte phishing-e-mails i de foregående kapitler.

Crypto ransomware bruger typisk avancerede krypteringsalgoritmer såsom AES (Advanced Encryption Standard) eller RSA (Rivest-Shamir-Adleman) til at kryptere ofrets filer. AES er en symmetrisk krypteringsalgoritme, hvilket betyder, at den samme nøgle bruges til både kryptering og dekryptering. RSA er på den anden side en asymmetrisk krypteringsalgoritme, der bruger to nøgler, en offentlig nøgle og en privat nøgle, til henholdsvis kryptering og dekryptering. Ransomwaren vil typisk bruge en kombination af både symmetrisk og asymmetrisk kryptering til at kryptere ofrets filer. Først genererer ransomware en unik symmetrisk nøgle for hver fil, den krypterer. Det vil derefter kryptere den symmetriske nøgle ved hjælp af offerets offentlige nøgle, som derefter gemmes sammen med de krypterede filer. Når offeret betaler løsesummen og får dekrypteringsnøglen, vil ransomwaren bruge offerets private nøgle til at dekryptere den symmetriske nøgle, som derefter kan bruges til at dekryptere de krypterede filer.

Krypteringsprocessen, der bruges af crypto ransomware, er typisk meget stærk. Nogle typer ransomware kan dog have sårbarheder, der kan udnyttes til at gendanne dekrypteringsnøglen uden at betale løsesummen. I nogle tilfælde kan retshåndhævende myndigheder eller cybersikkerhedsforskere være i stand til at få dekrypteringsnøglen på forskellige måder, såsom reverse-engineering af ransomware-koden eller opsporing af cyberkriminelle bag angrebet.

Locker Ransomware

Locker ransomware er en type malware, der låser offeret ude af deres computer eller mobilenhed ved at forhindre dem i at få adgang til deres filer eller operativsystem. Malwaren viser typisk en meddelelse på offerets skærm, der kræver en løsesum i bytte for dekrypteringsnøglen eller fjernelse af skabet.

Locker ransomware er forskellig fra crypto ransomware, som krypterer ofrets filer i stedet for at låse dem. Mens crypto ransomware er rettet mod specifikke filer, kan locker ransomware låse hele systemet, hvilket forhindrer ofret i at få adgang til nogen af deres filer eller data.

Den mest almindelige måde, hvorpå locker ransomware inficerer systemer, er gennem ondsindede websteder eller vedhæftede filer i e-mail. Når malwaren er installeret på offerets system, låser den systemet eller filerne og viser en meddelelse, der kræver løsesummen. Løsesummen, som cyberkriminelle kræver, kan variere meget, men er typisk i intervallet hundredvis af dollars.

Locker ransomware virker ved at ændre ofrets systemindstillinger eller konfigurationsfiler, hvilket effektivt låser dem ude af deres system eller filer. Malwaren bruger typisk avancerede teknikker til at få adgang til ofrets system, såsom udnyttelse af sårbarheder i software eller brug af social engineering-teknikker til at narre offeret til at installere malwaren.

Når malwaren har fået adgang til ofrets system, vil den ændre systemindstillinger eller konfigurationsfiler for at låse systemet eller filerne. Malwaren kan ændre opstartssektoren på offerets harddisk, hvilket forhindrer systemet i at starte korrekt op. Alternativt kan det ændre Windows-registreringsdatabasen eller systemfilerne, hvilket forhindrer offeret i at få adgang til deres filer eller operativsystem.

For at låse systemet eller filerne op skal offeret typisk betale en løsesum. Ransomware-beskeden vil typisk indeholde instruktioner om, hvordan man betaler løsesummen, som typisk er i form af kryptovaluta såsom Bitcoin.

Forebyggelse af locker ransomware kræver en kombination af god sikkerhedspraksis og brugerbevidsthed. Nogle bedste fremgangsmåder til at forhindre locker ransomware inkluderer:

Hold software opdateret: Sikring af, at operativsystemer, softwareapplikationer og sikkerhedssoftware er opdateret med de seneste sikkerhedsrettelser og opdateringer.

Brug af anti-malware-software: Installation og brug af anti-malware-software til at opdage og fjerne skadelig software fra systemet.

Regelmæssig sikkerhedskopiering af data: Regelmæssig sikkerhedskopiering af vigtige data til en ekstern harddisk eller cloud storage-tjeneste kan hjælpe med at afbøde skaden forårsaget af ransomware-angreb.

At være på vagt over for phishing-angreb: At være opmærksom på phishing-angreb og ikke klikke på mistænkelige links eller downloade vedhæftede filer fra ukendte kilder.

Uddannelse af medarbejdere: Uddannelse af medarbejdere om risici ved ransomware og vigtigheden af god sikkerhedspraksis kan hjælpe med at forhindre ransomware-angreb.

Hybrid Ransomware

Hybrid ransomware er en type malware, der kombinerer funktioner fra både crypto ransomware og locker ransomware. Disse typer af ransomware-angreb kan være særligt skadelige, da de kan låse offeret ude af deres system og kryptere deres filer samtidigt.

I et hybridt ransomware-angreb får malwaren først adgang til ofrets system, typisk gennem en phishing-e-mail eller et ondsindet websted. Når malwaren er installeret på offerets system, låser den først systemet eller filerne for at forhindre offeret i at få adgang til dem. Derefter vil den kryptere ofrets filer, gøre dem utilgængelige og kræve en løsesum i bytte for dekrypteringsnøglen.

Denne type ransomware kan være særlig svær at opdage og forhindre, da den kombinerer to forskellige typer malware i ét angreb. Ofre for hybride ransomware-angreb står over for den dobbelte trussel om at blive låst ude af deres system og miste adgang til deres filer.

Hybrid ransomware virker ved at bruge avancerede teknikker til at få adgang til ofrets system og derefter udføre en række ondsindede aktiviteter for at låse systemet eller filerne og kryptere ofrets data. Malwaren bruger typisk sofistikerede krypteringsalgoritmer såsom AES-256 til at kryptere ofrets filer, hvilket gør dem praktisk talt umulige at dekryptere uden den korrekte dekrypteringsnøgle.

En af måderne, hybrid ransomware kan låse offerets system på, er ved at ændre bootsektoren på offerets harddisk, hvilket forhindrer systemet i at starte korrekt op. Alternativt kan det ændre Windows-registreringsdatabasen eller systemfilerne, hvilket forhindrer offeret i at få adgang til deres filer eller operativsystem.

Mens vi er i gang, lad os også tale om at ændre harddiskens boot-sektor.

Opstartssektoren på en harddisk er den del af disken, der indeholder den nødvendige kode for at starte operativsystemet op. En ransomware kan ændre boot-sektoren for at låse offerets system ved at overskrive den originale boot-kode med sin egen ondsindede. Når systemet genstartes, vil det indlæse den skadelige kode i stedet for den originale boot-kode, hvilket forhindrer systemet i at starte korrekt op.

Den tekniske metode til at ændre opstartssektoren ved hjælp af ransomware involverer brug af diskadgang på lavt niveau til at skrive den ondsindede kode til opstartssektoren. Dette kræver, at malwaren har adgang på administratorniveau til ofrets system.

Når malwaren får adgang på administratorniveau, vil den overskrive den originale opstartskode. Malwaren vil så typisk lave en sikkerhedskopi af den originale boot-kode og gemme den et andet sted på disken, så den kan gendanne den senere, hvis det er nødvendigt.

Når offeret genstarter deres computer, vil malwarens ondsindede kode blive udført i stedet for den originale opstartskode. Dette vil få systemet til at blive låst og vise en meddelelse, der kræver en løsesum for at låse systemet op.

Det kan være tidskrævende og dyrt at fjerne den ondsindede kode fra bootsektoren, hvilket gør det vigtigt at tage skridt til at forhindre hybride ransomware-angreb i første omgang.

Overordnet set er ændring af støvlesektoren en sofistikeret teknik, der kræver en høj grad af teknisk viden og færdigheder. Det fremhæver det sofistikerede niveau, som cyberkriminelle bruger i deres ransomware-angreb, og understreger behovet for, at organisationer og enkeltpersoner tager onlinesikkerhed alvorligt for at forhindre disse typer angreb.

Forebyggelse af hybrid ransomware kræver en kombination af god sikkerhedspraksis og brugerbevidsthed. Nogle bedste fremgangsmåder til at forhindre hybrid ransomware omfatter:

Hold software opdateret: Sikring af, at operativsystemer, softwareapplikationer og sikkerhedssoftware er opdateret med de seneste sikkerhedsrettelser og opdateringer.

Brug af anti-malware-software: Installation og brug af anti-malware-software til at opdage og fjerne skadelig software fra systemet.

Regelmæssig sikkerhedskopiering af data: Regelmæssig sikkerhedskopiering af vigtige data til en ekstern harddisk eller cloud storage-tjeneste kan hjælpe med at afbøde skaden forårsaget af ransomware-angreb.

At være på vagt over for phishing-angreb: At være opmærksom på phishing-angreb og ikke klikke på mistænkelige links eller downloade vedhæftede filer fra ukendte kilder.

Uddannelse af medarbejdere: Uddannelse af medarbejdere om risici ved ransomware og vigtigheden af god sikkerhedspraksis kan hjælpe med at forhindre ransomware-angreb.

Metoder til infektion:

Ransomware kan inficere et system gennem en række forskellige metoder, herunder:

E-mail-phishing: Dette er en af de mest almindelige metoder til ransomware-infektion. Cyberkriminelle sender e-mails, der indeholder ondsindede links eller vedhæftede filer, der, når de klikkes eller åbnes, downloader og installerer ransomware på ofrets system.

Ondsindede websteder: Cyberkriminelle kan oprette websteder, der indeholder ondsindet kode, der kan inficere et offers system, når de besøger webstedet.

Udnyttelse af sårbarheder: Cyberkriminelle kan udnytte kendte sårbarheder i et offers operativsystem eller software til at få adgang til deres system og installere ransomware.

Remote Desktop Protocol (RDP)-angreb: Cyberkriminelle kan bruge metoder til at få adgang til et offers system via RDP og installere ransomware. RDP-angreb er en meget farlig situation, som bør tages alvorligt. For at uddybe dette emne:

RDP-angreb er en type cyberangreb, der retter sig mod Remote Desktop Protocol, som bruges til at fjernadgang og kontrollere en computer via en netværksforbindelse. Disse angreb kan antage mange former, herunder brute-force-angreb, password-gætte-angreb eller man-in-the-middle-angreb.

Brute-force-angreb er en af de mest almindelige typer af RDP-angreb. I denne type angreb forsøger angriberen at gætte loginoplysningerne for en fjernskrivebordssession ved at prøve mange forskellige kombinationer af brugernavn og adgangskode. Angriberen kan bruge automatiserede værktøjer til at prøve tusinder eller endda millioner af forskellige kombinationer på kort tid. Det kaldes en brute-force.

Angreb, der gætter adgangskode, ligner brute-force-angreb, men i stedet for at prøve mange forskellige kombinationer, kan angriberen bruge oplysninger, de har indsamlet om offeret, til at forsøge at gætte deres adgangskode. For eksempel, hvis offeret har brugt en svag adgangskode, der er baseret på personlige oplysninger såsom deres navn eller fødselsdato, kan angriberen muligvis gætte det.

Man-in-the-middle-angreb er mere komplekse og sofistikerede. I denne type angreb opsnapper angriberen netværkstrafikken mellem offeret og fjernskrivebordsserveren og bruger derefter denne adgang til at ændre eller omdirigere trafikken. Dette gør det muligt for angriberen at stjæle ofrets loginoplysninger eller styre sessionen på fjernskrivebordet.

For at udføre et MitM-angreb skal angriberen først placere sig mellem offeret og fjernskrivebordsserveren. Dette kan gøres ved at udnytte sårbarheder i netværksinfrastrukturen eller ved at bruge et useriøst adgangspunkt. Når angriberen har placeret sig korrekt, kan de begynde at opsnappe netværkstrafikken.

En måde, hvorpå en MITM-angriber kan opsnappe netværkstrafik, er ved at bruge et værktøj som Wireshark til at fange og analysere datapakker, når de rejser mellem offeret og fjernskrivebordsserveren. Dette gør det muligt for hackeren at se indholdet af trafikken, inklusive eventuelle loginoplysninger, der transmitteres i klartekst.

Når først angriberen har opsnappet trafikken, kan de bruge denne adgang til at ændre eller omdirigere trafikken. For eksempel kan de ændre en pakke til at inkludere deres egne loginoplysninger i stedet for ofrets, hvilket giver dem mulighed for at få adgang til fjernskrivebordssessionen. Alternativt kan de omdirigere trafikken til en helt anden server, så de kan udføre yderligere angreb eller stjæle følsomme data.

Der er flere effektive foranstaltninger, som organisationer og enkeltpersoner kan tage for at forhindre MitM-angreb. Et vigtigt skridt er at bruge kryptering til at beskytte al netværkstrafik. Dette kan gøres ved at bruge sikre protokoller som Transport Layer Security (TLS) eller ved at bruge et virtuelt privat netværk (VPN) til at skabe en sikker, krypteret tunnel til al trafik.

Et andet vigtigt skridt er at bruge stærke autentificeringsmetoder, såsom tofaktorautentificering (2FA) eller biometrisk autentificering. Dette gør det meget sværere for angribere at få adgang til en ekstern desktop-session, selvom de er i stand til at opsnappe trafikken.

Det er vigtigt regelmæssigt at overvåge netværkstrafikken for tegn på mistænkelig aktivitet. Dette kan omfatte at lede efter usædvanlig netværksaktivitet eller forbindelser til ukendte servere. Ved at opdage og reagere på disse trusler tidligt kan skader forårsaget af MITM-angreb forhindre eller minimere.

Et vigtigt skridt er også at bruge stærke og komplekse adgangskoder til alle konti, inklusive fjernskrivebordskonti. Adgangskoder skal være mindst 16 tegn lange og bør indeholde en blanding af store og små bogstaver, tal og symboler.

Endelig er det vigtigt at begrænse adgangen til fjernskrivebordssessioner til kun dem, der har brug for det. Dette kan hjælpe med at reducere angrebsoverfladen og gøre det sværere for angribere at få adgang til følsomme systemer og data.

Forebyggelse og afbødning

Forebyggelse af ransomware-angreb kræver en flerlagstilgang, herunder følgende trin:

Uddan brugere: Uddan medarbejdere og brugere om risiciene ved ransomware, og hvordan man identificerer og undgår phishing-e-mails og ondsindede websteder.

Hold software opdateret: Installer softwareopdateringer og sikkerhedsrettelser, så snart de bliver tilgængelige for at forhindre cyberkriminelle i at udnytte kendte sårbarheder.

Brug anti-malware-software: Installer og brug anti-malware-software på alle systemer og enheder til at opdage og blokere ransomware-infektioner.

Brug stærke adgangskoder: Tilskynd brugerne til at bruge stærke adgangskoder og tofaktorautentificering for at forhindre cyberkriminelle i at få adgang til deres systemer via RDP.

Sikkerhedskopier regelmæssigt data: Sikkerhedskopier regelmæssigt alle kritiske data til en sikker, ekstern placering for at afbøde skaden forårsaget af ransomware-angreb. Dette giver organisationer mulighed for at gendanne deres data uden at betale løsesum.

I tilfælde af et ransomware-angreb kan følgende trin tages for at afbøde skaden:

Afbryd forbindelsen til netværket: Afbryd straks det inficerede system fra netværket for at forhindre ransomware i at sprede sig til andre systemer.

Betal ikke løsesummen: At betale løsesummen garanterer ikke, at dataene bliver dekrypteret. Det tilskynder også angribere til at fortsætte deres aktiviteter.

Gendan data fra backups: Gendan alle kritiske data fra backups for at gendanne fra ransomware-angrebet.

Datasikkerhedstrusler er en konstant bekymring for enkeltpersoner og organisationer, og det er vigtigt at være opmærksom på de typer trusler, der findes, og hvordan de virker. I det næste kapitel vil vi undersøge nogle af de trin, som folk kan tage for at beskytte deres følsomme oplysninger og forhindre datasikkerhedshændelser.

C. Metoder til beskyttelse af følsomme data mod uautoriseret adgang og tyveri

Beskyttelse af følsomme data mod uautoriseret adgang og tyveri er en kritisk bekymring for enkeltpersoner og organisationer. I dette kapitel vil vi undersøge nogle af de metoder, der kan bruges til at beskytte følsomme data og forhindre databrud.

C.1. Kryptering

Som vi ved, er kryptering processen med at konvertere almindelig tekst til et kodet format, der kun kan dechifreres med den korrekte nøgle. Kryptering af følsomme data gør dem ulæselige for uautoriserede parter og hjælper med at forhindre databrud. Der findes forskellige typer krypteringsalgoritmer, herunder symmetrisk kryptering og asymmetrisk kryptering, hver med sine egne styrker og svagheder.

Brug af fuld diskkryptering er en sikkerhedsforanstaltning, der involverer kryptering af alle data, der er gemt på en computers harddisk eller lagerenhed. Denne kryptering sikrer, at dataene er beskyttet og ulæselige for alle, der ikke har krypteringsnøglen eller adgangssætningen.

C.2. Adgangskontrol

Som vi diskuterede før, er adgangskontrol processen med at kontrollere, hvem der har adgang til følsomme data. Dette kan omfatte brugen af brugernavne og adgangskoder, samt mere avancerede metoder såsom multi-faktor autentificering og biometrisk autentificering. Adgangskontrolsystemer kan bruges til at begrænse adgangen til følsomme data til kun de personer, der har brug for det, og derved reducere risikoen for databrud.

C.3. Firewalls

Vi har tidligere forklaret firewalls i detaljer. De er netværkssikkerhedssystemer, der fungerer som en barriere mellem et computernetværk og internettet. De er designet til at blokere uautoriseret adgang til et netværk og kan bruges til at beskytte følsomme data mod eksterne trusler.

C.4. Regelmæssige sikkerhedskopier

Regelmæssige sikkerhedskopier er afgørende for at beskytte følsomme data i tilfælde af et databrud eller anden sikkerhedshændelse. Sikkerhedskopier bør opbevares på et sikkert sted og bør opdateres regelmæssigt for at sikre, at den seneste version af følsomme data altid er tilgængelig.

C.5. Forebyggelse af datatab (DLP)

DLP-systemer er designet til at forhindre, at følsomme data går tabt, stjæles eller afsløres. Disse systemer bruger en kombination af teknologier og politikker til at opdage og forhindre uautoriseret adgang, brug og transmission af følsomme data.

En almindelig metode, der bruges af DLP-systemer, er indholdsinspektion. Dette indebærer at analysere data, mens de rejser på tværs af netværket, på udkig efter følsomme oplysninger såsom cpr-numre, kreditkortnumre eller andre personligt identificerbare oplysninger. DLP-systemer kan bruge en række forskellige teknikker til at inspicere indhold, herunder søgeordsmatchning, regulære udtryk og maskinlæringsalgoritmer.

DLP-systemer kan også bruge en række forskellige adgangskontrolmekanismer, såsom rollebaseret adgangskontrol, attributbaseret adgangskontrol og multifaktorautentificering.

Derudover kan DLP-systemer også bruge datakryptering til at beskytte følsomme data. Dette gør det meget sværere for angribere at stjæle eller se følsomme data.

DLP-systemer kan også levere overvågnings- og revisionsfunktioner, hvilket giver organisationer mulighed for at spore og rapportere om dataadgang og -brug. Dette kan hjælpe organisationer med at identificere potentielle databrud og træffe korrigerende handlinger, før følsomme data mistes eller stjæles.

Endelig kan DLP-systemer omfatte hændelsesrespons og rapporteringsfunktioner, hvilket giver organisationer mulighed for hurtigt at reagere på og rapportere om databrud. Dette kan hjælpe organisationer med at overholde databeskyttelsesforskrifter og minimere virkningen af datatabshændelser.

Beskyttelse af følsomme data mod uautoriseret adgang og tyveri kræver en flerlagstilgang, der inkluderer kryptering, adgangskontrol, firewalls, DLP-systemer og regelmæssige sikkerhedskopier. Ved at implementere disse og andre datasikkerhedsforanstaltninger kan folk reducere risikoen for databrud og beskytte deres følsomme oplysninger.

V. SKYSIKKERHED

A. Oversigt

Cloud computing har revolutioneret den måde, virksomheder og enkeltpersoner opbevarer og får adgang til data. Evnen til at gemme og få adgang til data fra hvor som helst i verden, når som helst, har gjort skyen til et værdifuldt aktiv for organisationer af alle størrelser. Men efterhånden som brugen af cloud computing er vokset, er bekymringen over dens sikkerhed også vokset.

I dette kapitel vil vi undersøge sikkerhedsproblemerne forbundet med cloud computing og de metoder, der bruges til at beskytte data, der er lagret i skyen.

Hvad er Cloud Security?

Skysikkerhed er det sæt af foranstaltninger, der træffes for at beskytte data, der er lagret i skyen, mod uautoriseret adgang og tyveri. Dette omfatter foranstaltninger truffet af cloud-tjenesteudbydere, såvel som foranstaltninger truffet af organisationer, der bruger skyen. Skysikkerhed er afgørende for organisationer af alle størrelser på grund af de følsomme oplysninger, der ofte er gemt i skyen.

A.1. Skysikkerhedsbekymringer

Der er flere sikkerhedsproblemer forbundet med cloud computing, herunder:

Databrud: Databrud kan resultere i tyveri af følsomme oplysninger gemt i skyen. Dette kan have alvorlige konsekvenser, herunder økonomisk tab og omdømmeskader.

Insidertrusler: Insidertrusler henviser til trusler, der kommer inde fra en organisation. Dette kan omfatte medarbejdere eller entreprenører, der har adgang til følsomme oplysninger gemt i skyen.

Ondsindet software: Ondsindet software, såsom virus og malware, kan introduceres i cloud-systemer, hvilket kan resultere i tyveri af følsomme oplysninger.

Datatab: Datatab kan forekomme, når data gemt i skyen går tabt eller beskadiges. Dette kan have alvorlige konsekvenser for organisationer, der er afhængige af skyen til at gemme vigtig information.

Metoder til beskyttelse af data i skyen
Der er flere metoder til at beskytte data gemt i skyen, herunder:

Kryptering: Kryptering er processen med at konvertere almindelig tekst til en ulæselig form. Kryptering bruges til at beskytte data, der er lagret i skyen, ved at gøre dem ulæselige for uautoriserede brugere.

Adgangskontrol: Adgangskontrol er processen med at give eller nægte adgang til ressourcer, herunder data gemt i skyen. Adgangskontrol er afgørende for at beskytte følsomme oplysninger mod uautoriseret adgang.

Overvågning og logning: Overvågning og logning bruges til at spore og analysere skyaktivitet, hvilket kan hjælpe organisationer med at opdage sikkerhedstrusler og reagere hurtigt på dem.

Multi-faktor-godkendelse: Multi-faktor-godkendelse er en sikkerhedsproces, der kræver, at brugere leverer to eller flere former for godkendelse, før de får adgang til følsomme oplysninger, der er gemt i skyen.

A.2. Valg af en cloud-tjenesteudbyder

Når du vælger en cloud-tjenesteudbyder, er det vigtigt at overveje de sikkerhedsforanstaltninger, som udbyderen har på plads. Organisationer bør lede efter udbydere, der har stærke sikkerhedspolitikker, regelmæssigt opdatere deres sikkerhedsforanstaltninger og give gennemsigtighed i deres sikkerhedsprocesser.

Cloudsikkerhed er en vigtig bekymring for organisationer af alle størrelser. Ved at forstå sikkerhedsproblemerne forbundet med cloud computing og de metoder, der bruges til at beskytte data, der er lagret i clouden, kan organisationer træffe informerede beslutninger om brugen af cloud computing og tage skridt til at reducere risikoen for sikkerhedshændelser. Med de rigtige sikkerhedsforanstaltninger på plads kan organisationer trygt gemme og få adgang til data i skyen, vel vidende at deres følsomme oplysninger er beskyttet.

B. Typer af cloud-sikkerhedstrusler, og hvordan de virker

Efterhånden som flere og flere organisationer anvender cloud computing, er cloud-sikkerhed blevet et kritisk problem. Skysikkerhed refererer til beskyttelse af følsomme data og systemer, der er hostet på fjernservere, der administreres af tredjepartstjenesteudbydere. I dette kapitel vil vi udforske de forskellige typer skysikkerhedstrusler, og hvordan de virker.

B.1. Databrud

Et databrud opstår, når en uautoriseret person får adgang til fortrolige oplysninger. Dette kan omfatte personlige data såsom navne, adresser, cpr-numre og kreditkortoplysninger, såvel som forretningsdata såsom finansielle poster, intellektuel ejendom og forretningshemmeligheder.

Databrud kan forekomme på forskellige måder, herunder hacking, phishing, malware og social engineering. Hackere kan udnytte sårbarheder i software eller bruge brute force-angreb for at få adgang til data. Phishing-angreb involverer at narre brugere til at afsløre deres loginoplysninger via e-mails, sociale medier eller andre måder. Malware kan inficere systemer og stjæle data eller tillade hackere at få fjernadgang. Social engineering involverer at manipulere individer til at afsløre fortrolige oplysninger gennem overtalelse eller tvang.

Hvordan databrud opstår

Databrud kan forekomme gennem forskellige vektorer, herunder cloud-tjenesteudbydere, tredjepartsleverandører og interne systemer. Cloud-tjenesteudbydere er særligt sårbare, da de gemmer store mængder data for flere kunder. Hvis en udbyders sikkerhedsforanstaltninger er utilstrækkelige, kan den efterlade data udsat for angribere.

Tredjepartsleverandører kan også være et svagt punkt i cloud-sikkerhed. Mange organisationer er afhængige af tredjepartsudbydere for tjenester såsom dataanalyse, kundestyring og forsyningskædestyring. Hvis en leverandør bliver hacket, kan den kompromittere data for flere organisationer.

Interne systemer er også sårbare over for databrud. Medarbejdere med adgang til fortrolige data kan være en kilde til lækager eller kan utilsigtet afsløre data gennem sikkerhedsbortfald, såsom svage adgangskoder eller usikrede enheder.

Indvirkningen af databrud

Databrud kan have alvorlige konsekvenser for enkeltpersoner og organisationer. Ud over økonomiske tab kan databrud skade omdømmet og føre til juridiske ansvar. Virksomheder kan miste kunder og lide under nedsat brandværdi. Enkeltpersoner kan opleve identitetstyveri eller økonomisk bedrageri.

Forebyggelse af databrud

Forebyggelse af databrud kræver en omfattende tilgang, der involverer flere lag af sikkerhedsforanstaltninger. Nogle vigtige skridt, som virksomheder og enkeltpersoner kan tage for at beskytte sig mod databrud, omfatter:

Implementering af stærke adgangskoder og multifaktorautentificering: Adgangskoder skal være komplekse og unikke for hver konto, og multifaktorautentificering bør bruges, når det er muligt.

Hold software opdateret: Softwaresårbarheder kan udnyttes af hackere, så det er vigtigt at holde software opdateret med sikkerhedsrettelser.

Kryptering af følsomme data: Kryptering kan gøre det sværere for hackere at få adgang til data, selvom de får uautoriseret adgang.

Begrænsning af adgang til fortrolige data: Adgang til fortrolige data bør kun begrænses til autoriseret personale.

Træning af medarbejdere i bedste praksis for sikkerhed: Medarbejdere bør uddannes i, hvordan de genkender og reagerer på sikkerhedstrusler såsom phishing-angreb og malware-infektioner.

Regelmæssig sikkerhedskopiering af data: Regelmæssig sikkerhedskopiering af data kan sikre, at data kan gendannes i tilfælde af et brud eller anden katastrofe.

Databrud er en alvorlig trussel mod cloud-sikkerhed, og virksomheder og enkeltpersoner skal tage skridt til at beskytte sig selv mod sådanne trusler. Ved at implementere stærke sikkerhedsforanstaltninger og være på vagt, er det muligt at minimere risikoen for databrud og beskytte følsomme data.

B.2. Insider-trusler

I en verden af onlinesikkerhed er insidertrusler et af de mest udfordrende problemer at løse. En insidertrussel opstår, når en person med autoriseret adgang til en organisations data eller systemer bevidst eller utilsigtet forårsager skade. Insidertrusler kan komme i mange former, herunder medarbejdere, entreprenører, leverandører og partnere. I dette afsnit vil vi diskutere de forskellige typer af insidertrusler, deres årsager og de skridt, som organisationer kan tage for at afbøde disse trusler.

Typer af insidertrusler

Der er fire hovedtyper af insidertrusler: utilsigtet, uagtsom, ondsindet og kompromitteret.

Utilsigtede insidertrusler opstår, når en medarbejder eller entreprenør utilsigtet forårsager skade. Dette kan ske, når de ved et uheld sletter eller korrumperer data eller ved en fejl deler fortrolige oplysninger.

Uagtsomme insidertrusler opstår, når en medarbejder eller entreprenør undlader at følge sikkerhedspolitikker eller bedste praksis. Dette kan omfatte brug af svage adgangskoder, deling af loginoplysninger eller manglende opdatering af software.

Ondsindede insidertrusler opstår, når en medarbejder eller entreprenør bevidst forårsager skade på organisationen. Dette kan omfatte at stjæle følsomme data, sabotere systemer eller sprede malware.

Kompromitterede insidertrusler opstår, når en medarbejders eller entreprenørs legitimationsoplysninger kompromitteres af en ekstern angriber. Dette kan ske gennem phishing-angreb eller andre social engineering-teknikker.

Årsager til insidertrusler

Der er flere faktorer, der kan bidrage til insidertrusler. Disse omfatter:

Manglende sikkerhedsbevidsthed: Mange insidertrusler opstår, fordi medarbejdere eller entreprenører ikke er opmærksomme på sikkerhedsrisiciene forbundet med deres handlinger.

Økonomisk gevinst: Nogle insidere kan være motiveret af økonomisk gevinst, såsom at stjæle forretningshemmeligheder eller intellektuel ejendom.

Hævn: Utilfredse medarbejdere kan søge hævn mod deres arbejdsgiver ved at forårsage skade på organisationen.

Uagtsomhed: Skødesløse medarbejdere eller entreprenører kan utilsigtet forårsage skade på organisationen gennem deres handlinger.

Eksternt pres: Insidere kan blive tvunget eller manipuleret af eksterne aktører til at forårsage skade på organisationen.

Afhjælpning af insidertrusler

Afbødning af insidertrusler kræver en flerlagstilgang, der omfatter både tekniske og ikke-tekniske foranstaltninger. Nogle vigtige skridt, som organisationer kan tage for at afbøde insidertrusler, omfatter:

Adgangskontrol: Organisationer bør implementere stærke adgangskontroller for at sikre, at medarbejdere og entreprenører kun har adgang til de data og systemer, de har brug for til at udføre deres jobfunktioner.

Overvågning: Organisationer bør overvåge medarbejdernes og entreprenørens adfærd for at opdage usædvanlig eller mistænkelig aktivitet.

Uddannelse og bevidsthed: Organisationer bør uddanne medarbejdere og entreprenører om de risici, der er forbundet med insidertrusler, og hvordan de kan forebygges.

Stærke sikkerhedspolitikker: Organisationer bør implementere stærke sikkerhedspolitikker, der inkluderer adgangskodekrav, datakryptering og regelmæssige softwareopdateringer.

Hændelsesresponsplan: Organisationer bør have en hændelsesresponsplan på plads for hurtigt at reagere på og indeholde insidertrusler.

Insidertrusler er en væsentlig udfordring for organisationer af alle størrelser. De kan forårsage betydelig skade på en organisations omdømme, økonomi og intellektuelle ejendomsrettigheder. Men ved at implementere en flerlagstilgang, der inkluderer adgangskontrol, overvågning, uddannelse og bevidsthed, kan stærke sikkerhedspolitikker og en hændelsesresponsplan afbøde de risici, der er forbundet med insidertrusler og beskytte deres følsomme data og systemer.

B.3. Kontokapring

Kontokapring er en type online sikkerhedstrussel, der opstår, når en hacker får uautoriseret adgang til en brugers konto. I forbindelse med cloud-sikkerhed kan kontokapring være særligt skadeligt, da det kan give angribere adgang til følsomme data og systemer. I dette afsnit vil vi diskutere de forskellige typer af kontokapringsangreb, deres årsager og de skridt, som organisationer kan tage for at afbøde disse trusler.

Typer af kontokapringsangreb

Der er flere typer kontokapringangreb, herunder:

Adgangskodeangreb: Adgangskodeangreb involverer en angriber, der forsøger at gætte eller knække en brugers adgangskode.

Dette kan gøres gennem brute force-angreb, ordbogsangreb eller social engineering.

Phishing-angreb: Phishing-angreb involverer en angriber, der narrer en bruger til at afsløre deres loginoplysninger via en falsk loginside eller e-mail.

Malwareangreb: Malwareangreb involverer en angriber, der inficerer en brugers computer eller enhed med malware, der kan stjæle login-legitimationsoplysninger eller tage kontrol over brugerens konto.

Sessionskapring: Sessionskapring involverer en hacker, der opsnapper en brugers sessionstoken eller cookie for at få adgang til brugerens konto.

Årsager til kontokapringsangreb

Kontokapringangreb kan være forårsaget af en række faktorer, herunder:

Svage adgangskoder: Svage adgangskoder, der er let at gætte eller kan knækkes gennem brute force-angreb, er en almindelig årsag til kontokapring.

Manglende sikkerhedsbevidsthed: Brugere, der ikke er klar over de risici, der er forbundet med kontokapring, kan blive ofre for phishing-angreb eller andre social engineering-taktikker.

Usikrede enheder: Enheder, der ikke er korrekt sikret med opdateret antivirussoftware og firewalls, kan være sårbare over for malwareangreb.

Sårbare webapplikationer: Webapplikationer, der ikke er ordentligt sikret, kan være sårbare over for sessionskapringsangreb.

Afbødende kontokapringsangreb

Afhjælpning af kontokapringsangreb kræver en flerlags tilgang, der omfatter både tekniske og ikke-tekniske foranstaltninger. Nogle vigtige trin, som organisationer kan tage for at afbøde kontokapringsangreb, omfatter:

Stærk autentificering: Organisationer bør implementere stærke autentificeringsmetoder såsom to-faktor-godkendelse eller biometrisk autentificering for at reducere risikoen for adgangskodeangreb.

Sikkerhedsbevidsthedstræning: Organisationer bør tilbyde sikkerhedsbevidsthedstræning til medarbejdere og brugere for at hjælpe dem med at genkende og undgå phishing-angreb og andre social engineering-taktikker.

Regelmæssige softwareopdateringer: Organisationer bør sikre, at alle enheder og software holdes opdateret med de seneste sikkerhedsrettelser og opdateringer for at reducere risikoen for malwareangreb.

Webapplikationssikkerhed: Organisationer bør implementere sikker kodningspraksis og regelmæssigt teste webapplikationer for sårbarheder for at reducere risikoen for sessionskapringangreb.

Hændelsesresponsplan: Organisationer bør have en hændelsesresponsplan på plads for hurtigt at reagere på og indeholde kontokapringangreb.

Kontokapring er en alvorlig online sikkerhedstrussel, som kan have betydelige konsekvenser for enkeltpersoner og organisationer. Ved at implementere en flerlagstilgang, der inkluderer stærk autentificering, træning i sikkerhedsbevidsthed, regelmæssige softwareopdateringer, webapplikationssikkerhed og en hændelsesplan kan organisationer reducere risikoen for kontokapringsangreb og beskytte deres følsomme data og systemer.

C. Metoder til beskyttelse af data og ressourcer gemt i skyen

Cloud computing er blevet en mere og mere populær måde for organisationer at gemme og administrere deres data og ressourcer på. Men da flere data lagres i skyen, er det vigtigt at træffe passende foranstaltninger for at beskytte disse data mod uautoriseret adgang og tyveri. I dette kapitel vil vi undersøge de forskellige metoder til at beskytte data og ressourcer, der er gemt i skyen.

C.1. Kryptering

Kryptering er en afgørende metode til at beskytte data og ressourcer, der er gemt i skyen. Kryptering involverer at konvertere data til en kode, der kun kan læses af en person, der har nøglen til at afkode den. Dette kan hjælpe med at forhindre uautoriseret adgang til data, selvom dataene bliver opsnappet eller stjålet.

Der er to typer kryptering: symmetrisk kryptering og asymmetrisk kryptering. Symmetrisk kryptering bruger den samme nøgle til både kryptering og dekryptering, mens asymmetrisk kryptering bruger forskellige nøgler til kryptering og dekryptering.

Cloud-udbydere tilbyder typisk krypteringstjenester for data, der er lagret i skyen. Brugere bør dog også overveje at kryptere deres data, før de uploader dem til skyen. Dette giver et ekstra lag af sikkerhed, da dataene bliver krypteret både under transmissionen og mens de opbevares i skyen.

C.2. Adgangskontrol

Adgangskontrol er en anden vigtig metode til at beskytte data og ressourcer, der er gemt i skyen. Adgangskontrol involverer opsætning af regler og politikker for at kontrollere, hvem der kan få adgang til specifikke data og ressourcer. Dette kan hjælpe med at forhindre uautoriseret adgang til følsomme oplysninger og ressourcer.

Cloud-udbydere tilbyder typisk adgangskontrolfunktioner såsom brugergodkendelse og rollebaseret adgangskontrol (RBAC). Brugergodkendelse involverer at verificere brugernes identitet, før de giver dem adgang til specifikke data og ressourcer. RBAC involverer at tildele specifikke roller til brugere og give adgang til ressourcer baseret på disse roller.

Brugere bør også overveje at implementere deres egne adgangskontrolpolitikker. Dette kan omfatte begrænsning af adgangen til følsomme data og ressourcer til kun dem, der har brug for det, og regelmæssig gennemgang af adgangskontroller for at sikre, at de er opdaterede og effektive.

C.3. Netværkssikkerhed

Netværkssikkerhed er en anden vigtig metode til at beskytte data og ressourcer, der er gemt i skyen. Dette involverer sikring af netværksinfrastrukturen, der bruges til at overføre data til og fra skyen.

Cloud-udbydere tilbyder typisk netværkssikkerhedsfunktioner såsom firewalls og virtuelle private netværk (VPN'er). Firewalls hjælper med at forhindre uautoriseret adgang til netværket, mens VPN'er krypterer data transmitteret over netværket.

Brugere bør også overveje at implementere deres egne netværkssikkerhedsforanstaltninger. Dette kan omfatte brug af stærke adgangskoder og to-faktor autentificering, overvågning af netværksaktivitet for usædvanlig adfærd og regelmæssig opdatering af netværkssikkerhedssoftware.

C.4. Regelmæssige sikkerhedsvurderinger

Regelmæssige sikkerhedsvurderinger er en væsentlig del af opretholdelsen af cloud-sikkerhed. Disse vurderinger kan omfatte sårbarhedsvurderinger, penetrationstest og sikkerhedsrevisioner. Ved at udføre regelmæssige sikkerhedsvurderinger kan organisationer identificere og afhjælpe sårbarheder i deres cloudmiljø, hvilket hjælper med at forhindre sikkerhedshændelser.

C.5. Planlægning af sikkerhedskopiering og gendannelse efter katastrofe

Planlægning af sikkerhedskopiering og disaster recovery er processen med at forberede sig på og reagere på potentielle datatab og systemfejl i skymiljøet. Dette inkluderer oprettelse af sikkerhedskopier af følsomme data og udvikling af en katastrofegenopretningsplan, der skitserer de skridt, der skal tages i tilfælde af en sikkerhedshændelse. Ved at have en backup- og katastrofegendannelsesplan på plads kan organisationer hjælpe med at minimere virkningen af datatab og systemfejl i skyen.

C.6. Overvågning og detektion

Overvågning og detektion er processerne til at overvåge cloudmiljøet for sikkerhedstrusler og hændelser og detektere, hvornår en sikkerhedshændelse har fundet sted. Dette kan omfatte brugen af sikkerhedsværktøjer såsom firewalls, systemer til registrering af indtrængen og systemer til sikkerhedsinformation og hændelsesstyring (SIEM). Ved at overvåge og opdage potentielle sikkerhedshændelser kan organisationer reagere hurtigt for at forhindre betydelig skade og minimere virkningen af sikkerhedshændelser.

Der er forskellige metoder til at beskytte data og ressourcer gemt i skyen. Ved at implementere en kombination af disse metoder kan organisationer hjælpe med at forhindre uautoriseret adgang til følsomme data og minimere påvirkningen af sikkerhedshændelser. Det er dog vigtigt at holde sig orienteret om de seneste sikkerhedstrusler og løbende at overvåge og vurdere sikkerheden i deres cloudmiljø for at sikre beskyttelsen af følsomme data og ressourcer.

VI. SIKKERHED FOR MOBILENHEDER

A. Oversigt

Efterhånden som teknologien udvikler sig, er flere og flere mennesker afhængige af deres mobile enheder for at forblive forbundet og få tingene gjort. Fra at foretage betalinger til at få adgang til følsomme oplysninger er vores smartphones og tablets en integreret del af vores daglige liv. Men med denne øgede afhængighed af mobile enheder følger en større risiko for sikkerhedstrusler.

Mobil sikkerhed refererer til de foranstaltninger, der er truffet for at beskytte mobile enheder og de oplysninger, der er lagret på dem, mod uautoriseret adgang, tyveri og andre typer angreb. Dette omfatter beskyttelse af data gemt på enheden, såsom personlige oplysninger og følsomme dokumenter, samt beskyttelse af selve enheden mod tyveri og fysisk skade.

Der er flere vigtige grunde til, at mobil sikkerhed bliver stadig vigtigere. For det første bliver mobile enheder mere kraftfulde og bliver brugt til mere følsomme opgaver, såsom netbank og adgang til virksomhedsnetværk. Det betyder, at indsatsen er højere, hvis en enhed mistes, stjæles eller kompromitteres. For det andet er mobile enheder mere sårbare over for angreb end traditionelle computere, fordi de ofte kører på mindre sikre operativsystemer, såsom iOS og Android og er mere tilbøjelige til at blive brugt på offentlige steder, hvor angribere lettere kan udnytte sårbarheder.

For at sikre sikkerheden på din mobile enhed og de oplysninger, der er gemt på den, er det vigtigt at tage en flerlags tilgang. Dette kan omfatte implementering af stærke adgangskoder, brug af kryptering til at beskytte følsomme data og regelmæssig opdatering af din enheds operativsystem og applikationer. Derudover er det vigtigt at være opmærksom på de risici, der er forbundet med offentlige Wi-Fi-netværk og kun at downloade apps fra pålidelige kilder.

Mobil sikkerhed bliver stadig vigtigere, da flere mennesker stoler på deres mobile enheder til følsomme opgaver. For at beskytte dine oplysninger og din enhed mod trusler er det vigtigt at tage en flerlagstilgang og være på vagt over for potentielle sikkerhedsrisici. I de følgende kapitler vil vi dykke dybere ned i de specifikke typer trusler, som mobile enheder står over for, samt metoderne til at beskytte mod dem.

Inden du dykker ned i forviklingerne af fysisk sikkerhed for mobile enheder, er det vigtigt at forstå de forskellige risici, der truer disse enheder. Fysiske trusler udgør en af de væsentligste risici for sikkerheden på mobile enheder. Disse trusler omfatter tyveri, tab, uautoriseret adgang, manipulation og fysisk skade. At håndtere disse risici kræver en flerlags tilgang, der omfatter både forebyggende og reaktive foranstaltninger.

B. Typer af mobil sikkerhedstrusler og hvordan de virker

Mobile enheder er blevet en integreret del af vores daglige liv og giver os øjeblikkelig adgang til information og kommunikation. Men i takt med, at brugen af mobile enheder er steget, er de risici, der er forbundet med dem. I dette kapitel vil vi diskutere de forskellige typer mobile sikkerhedstrusler, og hvordan de virker.

B.1. Malware

Som vi diskuterede, er malware en type software, der er designet til at forårsage skade på en enhed. I dette afsnit vil vi udforske typerne af mobile sikkerhedstrusler med særligt fokus på malwares.

Typer af malware på mobil sikkerhed

Trojan

Trojanske heste er en af de mest almindelige typer malware på mobile enheder. Disse ondsindede programmer er designet til at ligne legitim software, men indeholder skjult kode, der udfører uautoriserede handlinger på enheden. Når en trojaner er blevet installeret, kan den udføre en række ondsindede aktiviteter, herunder at stjæle personlige data, installere yderligere malware og mere.

Ransomware

Som vi undersøgte før, er ransomware en type malware, der låser ofrets enhed eller krypterer deres filer, hvilket gør dem utilgængelige. Angriberen kræver derefter en løsesum til gengæld for at gendanne adgangen til enheden eller filerne. Ransomware-angreb er blevet mere og mere almindelige på mobile enheder i de senere år, hvor angribere har brugt social engineering-taktik til at narre brugere til at installere malwaren.

Adware

Adware er en type malware, der viser uønskede reklamer på ofrets enhed. Disse annoncer kan være meget påtrængende, dukker op på tilfældige tidspunkter og afbryder brugerens normale aktiviteter. Adware er ofte bundtet med legitime apps, hvilket gør det svært for brugerne at opdage og fjerne.

Spyware

Spyware er en type malware, der er designet til hemmeligt at overvåge ofrets aktivitet på deres enhed. Dette kan omfatte optagelse af tastetryk, sporing af placering, adgang til personlige data og mere. Spyware kan være svært at opdage og kan udgøre en betydelig risiko for ofrets privatliv og sikkerhed.

Hvordan virker malware på mobile enheder?

Malware på mobile enheder kan fungere på en række forskellige måder, afhængigt af deres type og formål. Der er dog nogle almindelige teknikker, der bruges af mange malwares.

Social Engineering

Social engineering er en teknik, der almindeligvis bruges af angribere til at narre brugere til at installere malwares på deres enheder. Dette kan omfatte taktikker såsom phishing-e-mails, falske app-butikker og mere. Social engineering-angreb er designet til at udnytte ofrets tillid eller nysgerrighed og tilskynde dem til at foretage handlinger, der sætter deres enhed og data i fare.

Udnyttelse af sårbarheder

Mange malwares på mobile enheder udnytter sårbarheder i enhedens operativsystem eller installerede apps. Disse sårbarheder kan bruges til at få root-adgang til enheden, omgå sikkerhedsforanstaltninger og mere. Når først malwaren har fået adgang til enheden, kan den udføre sine ondsindede aktiviteter uden at blive opdaget.

B.2. Ondsindede apps

Ondsindede apps er en almindelig måde for angribere at distribuere malware på mobile enheder. Disse apps er designet til at ligne legitime apps, men indeholder skjult kode, der udfører ondsindede aktiviteter. Ondsindede apps kan distribueres gennem appbutikker eller ved at narre brugere til at downloade dem fra falske websteder.

Beskyttelse mod malware på mobile enheder

Beskyttelse mod malwares på mobile enheder kræver en flerlagstilgang, der omfatter både tekniske og ikke-tekniske foranstaltninger.

Tekniske foranstaltninger

Tekniske foranstaltninger til beskyttelse mod malware på mobile enheder omfatter installation af antivirussoftware, at holde enhedens operativsystem og apps opdateret og bruge firewalls og anden sikkerhedssoftware. Disse foranstaltninger kan hjælpe med at opdage og forhindre malware i at inficere enheden.

Ikke-tekniske foranstaltninger

Ikke-tekniske foranstaltninger til beskyttelse mod malware på mobile enheder omfatter at være forsigtig, når du installerer apps, undgå at klikke på mistænkelige links eller åbne vedhæftede filer i e-mails og være opmærksom på social engineering taktik. Brugere bør også regelmæssigt sikkerhedskopiere deres data og være forberedt på at gendanne deres enhed til en tidligere tilstand, hvis den bliver inficeret med malware.

Malware på mobile enheder udgør en væsentlig trussel mod brugernes privatliv og sikkerhed. Disse ondsindede programmer kan antage mange former, fra trojanske heste og ransomware til adware og spyware. For at beskytte mod malware på mobile enheder bør brugere tage en flerlagstilgang, der omfatter både tekniske og ikke-tekniske foranstaltninger. Ved at holde sig informeret om de seneste trusler og tage skridt til at beskytte deres enheder, kan brugere minimere risikoen for at blive ofre for mobile sikkerhedstrusler.

B.3. Phishing

Som vi diskuterede før, er phishing en type social engineering-angreb, der er designet til at narre brugere til at afsløre følsomme oplysninger. Dette kan gøres gennem e-mails, tekstbeskeder eller telefonopkald, der ser ud til at være fra en pålidelig kilde, men som faktisk er fra en ondsindet hacker. Disse typer angreb bruger ofte falske login-sider, falske advarsler eller falske softwareopdateringer til at narre brugere til at indtaste deres personlige oplysninger.

Rogue mobilapps

Rogue mobilapps er ondsindede applikationer, der er forklædt som legitime apps, men som faktisk er designet til at stjæle følsomme oplysninger. Disse typer apps kan downloades fra tredjeparts appbutikker eller fra uofficielle kilder og kan ofte indeholde malware.

Man-in-the-Middle (MitM) angreb

Vi ved, at MitM-angreb opstår, når en angriber opsnapper og manipulerer kommunikationen mellem to enheder. Vi undersøgte den slags angreb før. Denne type angreb kan bruges til at stjæle følsomme oplysninger, såsom loginoplysninger eller til at injicere malware i en enhed.

Usikrede Wi-Fi-netværk

Brug af usikrede Wi-Fi-netværk, såsom dem, der findes på offentlige steder, kan gøre en enhed sårbar over for angreb. Dette skyldes, at usikrede Wi-Fi-netværk ikke har samme sikkerhedsniveau som sikre netværk, hvilket gør det nemmere for angribere at opsnappe kommunikation og stjæle følsomme oplysninger.

Der findes en række forskellige typer mobile sikkerhedstrusler, hver med deres egne unikke betjeningsmetoder. Det er vigtigt at være opmærksom på disse trusler og tage skridt til at beskytte dine mobile enheder, såsom at bruge en mobil sikkerhedsapp, undgå usikrede Wi-Fi-netværk og være forsigtig, når du downloader apps og åbner e-mails. Ved at tage disse forholdsregler kan du hjælpe med at holde dine enheder og følsomme oplysninger sikre og sikre.

C. Metoder til beskyttelse af mobile enheder og deres data

Der er flere metoder til at beskytte mobile enheder og deres data, som du kan implementere for at minimere risikoen for sikkerhedshændelser.

C.1. Softwareopdateringer

Regelmæssige softwareopdateringer kan rette kendte sikkerhedssårbarheder i din mobile enheds operativsystem. Hold din enhed opdateret til den nyeste version af operativsystemet for at forblive beskyttet mod sikkerhedstrusler.

C.2. Stærke adgangskoder

En stærk adgangskode er din første forsvarslinje mod uautoriseret adgang til din enhed. Sørg for at bruge en stærk og unik adgangskode til din enhed.

C.3. Enhedslåse

Enhedslåse er sikkerhedsmekanismer, der kræver, at brugere angiver en adgangskode, PIN-kode eller adgangskode for at låse deres mobile enheder op. Låsens styrke afhænger af kompleksiteten af den valgte autentificeringsmetode. Brugere opfordres til at vælge stærke adgangskoder, som ikke er lette at gætte, og undgå at bruge let identificerbare oplysninger, såsom fødselsdage eller navne.

I 2016 gennemførte forskere en undersøgelse af smartphone-adgangskoder ved at analysere over 3,4 millioner firecifrede pinkoder. Chokerende viste undersøgelsen, at den mest brugte PIN-kode var "1234," tæt fulgt af "0000." Denne mangel på sikkerhedsbevidsthed blandt brugere fremhæver vigtigheden af at fremme brugen af stærke og unikke adgangskoder.

Biometrisk autentificering: Biometrisk autentificering bruger unikke fysiske eller adfærdsmæssige egenskaber hos en person til at bekræfte deres identitet. Almindelige biometriske metoder, der bruges i mobile enheder, omfatter fingeraftryksgenkendelse, ansigtsgenkendelse, irisscanning og stemmegenkendelse.

Biometrisk autentificering, såsom fingeraftryk eller ansigtsgenkendelse, kan give et ekstra lag af sikkerhed. Det er dog vigtigt at sikre, at disse biometriske data opbevares og behandles sikkert for at forhindre potentielt misbrug.

I 2019 omgik en sikkerhedsforsker med succes ansigtsgenkendelsesfunktionen på en populær smartphone ved at bruge en 3D-printet maske af ejerens ansigt. Denne sag demonstrerede behovet for producenter til løbende at forbedre biometriske teknologier for at forhindre sådanne spoofingforsøg.

C.4. Fingeraftryksgodkendelse i bankapps

Mange mobilbankapps har implementeret fingeraftryksgodkendelse for at give brugere sikker og bekvem adgang. I en undersøgelse foretaget af et cybersikkerhedsfirma viste det sig, at nogle bankapps opbevarede brugernes fingeraftryksdata på en usikker måde. Denne sårbarhed rejste bekymringer om privatlivets fred og sikkerhed for følsomme biometriske data og opfordrede appudviklere til at anvende mere robuste krypteringsmetoder.

C.5. Ansigtsgenkendelse og retshåndhævelse

Retshåndhævende myndigheder er begyndt at bruge ansigtsgenkendelsesteknologi til at identificere mistænkte og finde forsvundne personer. Selvom denne teknologi har vist lovende resultater, er der blevet rejst bekymringer om dens potentielle misbrug og indvirkning på den enkeltes privatliv. Det er afgørende at etablere klare retningslinjer og regler for at sikre ansvarlig og etisk brug af biometriske data.

C.6. To-faktor-godkendelse

Two-Factor Authentication (2FA) giver et ekstra lag af sikkerhed ud over adgangskoder eller pinkoder. Ved at kræve, at brugerne leverer en anden form for godkendelse, såsom en engangskode sendt til deres mobilenhed, reduceres risikoen for uautoriseret adgang betydeligt. Organisationer bør tilskynde til brugen af 2FA for at øge sikkerheden for både personlige og forretningsrelaterede mobile enheder.

C.7. Mobile sikkerhedsapps

En mobil sikkerhedsapp kan give ekstra beskyttelse til din enhed ved at scanne for malware, blokere uønskede opkald og sms'er og sikkerhedskopiere dine data.

C.8. Vær forsigtig, når du downloader apps

Download kun apps fra pålidelige kilder, såsom App Store eller Google Play. Læs anmeldelser og bedømmelser før installation. Ondsindede apps kan inficere din enhed med malware eller stjæle dine personlige oplysninger. Mobilapplikationer indeholder ofte følsomme data og interagerer med forskellige enhedsfunktioner. Derfor er det afgørende at sikre applikationernes sikkerhed. Brugere bør undgå sideloading af apps fra ukendt oprindelse for at reducere risikoen for malware.

C.9. Opret forbindelse til sikre Wi-Fi-netværk

Offentlige Wi-Fi-netværk er berygtet for deres mangel på sikkerhed, hvilket gør dem sårbare over for aflytningsangreb. Når du opretter forbindelse til offentligt Wi-Fi, kan mobile enheder blive sårbare over for forskellige cybertrusler, såsom dataaflytning eller man-in-the-middle-angreb. For at afbøde disse risici henvender mange mobilbrugere sig til Virtual Private Networks (VPN) for øget sikkerhed og privatliv.

C.10. Offentlige Wi-Fi-risici

Pakkesniffning: På åbne offentlige Wi-Fi-netværk kan pakkesniffningsværktøjer bruges til at opsnappe ukrypterede data, der transmitteres mellem enheden og netværket. Dette inkluderer følsomme oplysninger som loginoplysninger, kreditkortoplysninger og personlige beskeder.

Man-in-the-Middle Attacks (MITM): I et MITM-angreb opsnapper og videresender en angriber kommunikationen mellem brugeren og netværket, hvilket potentielt ændrer eller stjæler data under transit.

Rogue Hotspots: Angribere kan oprette useriøse Wi-Fi-hotspots med navne, der ligner legitime netværk for at narre brugere til at oprette forbindelse til dem. Når den først er forbundet, kan angriberen fange følsomme oplysninger.

C.11. Virtuelle private netværk (VPN)

VPN'er er sikkerhedsværktøjer, der skaber en sikker og krypteret tunnel mellem brugerens enhed og en VPN-server. Når du er tilsluttet en VPN, bliver al internettrafik dirigeret gennem denne krypterede tunnel, hvilket beskytter den mod aflytning og sikrer online privatliv.

Kryptering: VPN'er bruger stærke krypteringsprotokoller til at sikre data, der overføres over internettet. Dette sikrer, at selvom de opsnappes, forbliver dataene ulæselige for uautoriserede parter.

IP-adressemaskering: VPN'er skjuler brugerens rigtige IP-adresse ved at tildele dem en midlertidig IP-adresse fra VPN-serverens placering. Dette hjælper med at beskytte brugerens identitet og placering.

Omgåelse af geo-begrænsninger: VPN'er giver brugere adgang til indhold og tjenester, der kan være geo-begrænsede eller blokerede på deres placering. Ved at oprette forbindelse til en VPN-server i et andet land, kan brugere se ud, som om de har adgang til internettet fra den placering.

Farer ved upålidelige VPN'er

Selvom VPN'er kan forbedre sikkerheden, bør brugere være forsigtige med at bruge utroværdige eller ondsindede VPN-tjenester:

Datalogning: Nogle VPN-udbydere logger muligvis brugeraktivitet og data, hvilket kompromitterer brugerens privatliv og besejrer formålet med at bruge en VPN.

Malware og adware: Gratis eller ubekræftede VPN'er kan injicere annoncer, spore brugeraktivitet eller endda distribuere malware til brugerens enhed.

Datalæk: Dårligt konfigurerede eller upålidelige VPN'er kan lide af datalækager, der afslører brugeroplysninger på trods af den formodede kryptering.

C.12. Sikker kommunikationsprotokoller

Mobile enheder bruger sikre kommunikationsprotokoller, såsom SSL/TLS (Secure Sockets Layer/Transport Layer Security) til at kryptere data under transmission. Disse protokoller etablerer sikre forbindelser mellem enheden og serverne, hvilket sikrer, at dataudvekslinger er beskyttet mod aflytning og manipulation.

I maj 2019 afslørede Whatsapp en alvorlig sårbarhed, der blev udnyttet af den berygtede Pegasus spyware udviklet af NSO Group. Sårbarheden tillod angribere at injicere spyware i målrettede enheder gennem et ondsindet Whatsapp-taleopkald. Spywaren kan derefter få adgang til enhedens data, inklusive beskeder, opkald og andre følsomme oplysninger, og effektivt omgå Whatsapps end-to-end-kryptering.

Hændelsen rejste bekymringer om sikkerheden af beskedapps, selv med ende-til-ende-kryptering på plads. Whatsapp frigav hurtigt en patch for at løse sårbarheden og opfordrede brugerne til at opdatere deres apps til den nyeste version for at beskytte sig selv mod potentielle angreb.

I 2017 offentliggjorde sikkerhedsforskere fra University of California, Berkeley, en rapport, der foreslår, at Whatsapps implementering af Signal Protocol (krypteringsprotokollen, der bruges af Whatsapp til end-to-end-kryptering) kan indeholde en bagdør. Forskerne fandt ud af, at Whatsapp-servere potentielt kunne ændre krypteringsnøglerne, når en bruger er offline, hvilket kunne give dem mulighed for at opsnappe og læse beskeder uden brugerens viden.

Whatsapp reagerede på rapporten og forklarede, at adfærden ikke var en bagdør, men en designafvejning lavet for at sikre brugervenlighed og levering af beskeder. De hævdede, at en sådan designbeslutning var nødvendig for at forhindre, at beskeder går tabt, når en bruger skifter enheder eller geninstallerer Whatsapp. Rapporten rejste dog bekymringer blandt nogle sikkerhedseksperter og fremhævede behovet for gennemsigtig sikkerhedspraksis i beskedapps.

Mens Whatsapps end-to-end-kryptering generelt anses for robust og giver et højt sikkerhedsniveau for brugerkommunikation, er intet krypteringssystem ufejlbarligt. Casestudierne ovenfor viser, at sårbarheder og svagheder kan findes selv i veldesignede krypteringsimplementeringer.

For brugere er aktivering af krypteringsfunktioner på deres mobile enheder afgørende for at sikre sikkerheden og privatlivets fred for deres data. Ved at gøre kryptering til en prioritet kan vi skabe et mere sikkert mobilt økosystem, der giver brugerne mulighed for at nyde bekvemmeligheden ved mobile enheder uden at kompromittere deres datasikkerhed.

C.13. Kryptering

Datakryptering er et grundlæggende aspekt af mobilenhedssikkerhed, der sikrer, at følsomme oplysninger, der er gemt på enheden, forbliver beskyttet mod uautoriseret adgang. Kryptering involverer konvertering af almindelig tekstdata til chiffertekst ved hjælp af kryptografiske algoritmer, hvilket gør det uforståeligt for nogen uden den passende dekrypteringsnøgle. Mobile enheder bruger forskellige krypteringsteknikker til at sikre hvilende data og data under transport, hvilket giver et robust forsvar mod potentielle trusler.

Kryptering i hvile

Kryptering i hvile refererer til kryptering af data gemt på den mobile enheds interne lager eller eksterne hukommelse. Det forhindrer uautoriseret adgang til data, hvis enheden mistes, stjæles eller tilgås af ondsindede aktører.

I 2018 viste en undersøgelse, at næsten 70 millioner smartphones blev tabt eller stjålet alene i USA. I sådanne tilfælde bliver kryptering i hvile afgørende. Krypterede data sikrer, at selvom den fysiske enhed falder i de forkerte hænder, forbliver den følsomme information utilgængelig.

Fuld diskkryptering (FDE)

Fuld diskkryptering er en almindelig tilgang, der bruges til at kryptere alle data på enhedens lager. Når FDE er aktiveret, er hele lageret krypteret, inklusive operativsystemet, applikationer og brugerdata. Dekrypteringsnøglen er typisk afledt af brugerens adgangskode, PIN eller biometriske godkendelse.

Både Android- og iOS-enheder tilbyder indbygget understøttelse af fuld diskkryptering. På Android har enheder, der kører Android 6.0 (Marshmallow) og nyere, FDE aktiveret som standard. På iOS kommer alle enheder siden iPhone 3GS og iPad (1. generation) med hardwarekryptering, der beskytter brugerdata ved hjælp af enhedens unikke identifikator (UID) og brugeradgangskode.

Filbaseret kryptering (FBE)

Filbaseret kryptering er en udvikling af FDE, introduceret for at adressere begrænsningerne af FDE på enheder med flere brugere eller profiler. Med FBE krypteres hver brugers data separat, og adgangen styres af individuelle brugeroplysninger.

Kryptering i transit

Kryptering under overførsel sikrer data, når de bevæger sig mellem den mobile enhed og eksterne servere eller andre enheder. Dette er afgørende, når data overføres via netværk såsom Wi-Fi, mobildata eller Bluetooth.

C.14. Fjerntørring

Fjernsletning er en sikkerhedsfunktion, der giver brugere eller administratorer mulighed for at slette alle data på en mobilenhed eksternt. Denne funktion er især vigtig, når en enhed mistes eller bliver stjålet, da den forhindrer uautoriseret adgang til følsomme oplysninger, såsom e-mails, kontakter, fotos og dokumenter.

For at aktivere fjernsletning skal enheden være forbundet til internettet. Brugere kan udløse fjernsletningen fra en webportal eller en ledsagende app, der er knyttet til enheden. Kommandoen sendes til enheden via internettet. Efter at have modtaget kommandoen, starter enheden sletteprocessen. Afhængigt af enheden og dens indstillinger kan fjernsletning slette alle data inklusive brugerindstillinger og applikationer, hvilket returnerer enheden til dens fabriksstandardtilstand.

Apples "Find min iPhone" er et populært eksempel på fjernsletning i aktion. I et tilfælde rapporterede en bruger, at deres iPhone var stjålet og påbegyndte en sletkommando ved hjælp af Find min iPhone. Tyven slukkede enheden og forsøgte at gendanne den for at omgå fjerntørringen. Men så snart enheden sluttede til internettet under opsætningsprocessen, trådte fjernslet-kommandoen i kraft, og slettede alle data og gjorde den stjålne iPhone ubrugelig.

C.15. Sporing

Sporing giver brugere eller administratorer mulighed for at lokalisere en mistet eller stjålet mobilenhed i realtid. Sporing er aktiveret via GPS eller andre lokationsbaserede tjenester, der giver enhedens geografiske koordinater for at hjælpe brugerne med at lokalisere dens placering på et kort.

For at aktivere sporing skal enhedens lokaliseringstjenester være aktiveret, og enheden skal have en aktiv internetforbindelse. Brugere kan spore deres enheder gennem en webportal eller en ledsagende app, der er knyttet til enheden. Denne funktion kan hjælpe brugere med at identificere den omtrentlige placering af deres enhed, hjælpe med at genoprette indsatsen eller underrette politiet om, hvor enheden befinder sig.

Android-enheder tilbyder en lignende funktion kaldet "Find min enhed". I et tilfælde mistede en bruger en Android-telefon og brugte Find min enhed til at spore dens placering. Brugeren opdagede, at telefonen blev efterladt på et offentligt sted og var i stand til at hente den omgående, takket være sporingsfunktionen.

Selvom fjernsletning og -sporing er kraftfulde sikkerhedsværktøjer, rejser de privatlivets fred og etiske overvejelser. Brugere skal være forsigtige med at fjernslette en enhed med personlige data, især hvis enheden har potentiale til gendannelse eller er i hænderne på en person, der kan returnere den.

Fjernsletning og -sporing er uundværlige funktioner, der styrker sikkerheden på mobile enheder og beskytter følsomme oplysninger. Ved at gøre det muligt for brugere at fjernslette data fra mistede eller stjålne enheder og spore deres placering, giver disse funktioner brugerne mulighed for at træffe øjeblikkelige handlinger for at beskytte deres data.

C.16. Enhedsstyringsløsninger

Device Management Solutions (DMS) er omfattende platforme, der giver organisationer mulighed for centralt at administrere og kontrollere mobile enheder, der bruges i deres netværk. Disse løsninger giver administratorer mulighed for at håndhæve sikkerhedspolitikker, konfigurere indstillinger, implementere applikationer og fjernovervåge enheder. DMS tilbyder en samlet tilgang til styring af en flåde af mobile enheder, hvilket sikrer ensartet sikkerhed og overholdelse på tværs af organisationen.

DMS gør det muligt for administratorer at håndhæve sikkerhedspolitikker på mobile enheder. Disse politikker kan omfatte krav til kompleksitet af adgangskoder, timeouts for skærmlås, krypteringsindstillinger og begrænsninger for appinstallationer. Centraliseret politikhåndhævelse sikrer, at enheder overholder organisationens sikkerhedsstandarder og reducerer risikoen for sikkerhedsbrud.

DMS giver organisationer mulighed for at implementere, opdatere og fjerne applikationer på mobile enheder effektivt. Administratorer kan kontrollere, hvilke applikationer der er tilladt eller begrænset, og sikrer, at kun autoriserede og kontrollerede apps installeres på virksomhedsejede enheder. Denne funktion hjælper med at forhindre installation af ondsindede eller ikke-godkendte apps, der kan kompromittere sikkerheden.

DMS giver overvågning og rapportering i realtid om status for mobile enheder. Administratorer kan spore enhedens sundhed, batteriniveauer, lagerforbrug og netværksforbindelse. Denne overvågningsfunktion giver mulighed for proaktiv fejlfinding, identificering af potentielle problemer, før de bliver til væsentlige problemer.

DMS gør det muligt for administratorer at skubbe Over-the-Air-opdateringer til mobile enheder, herunder sikkerhedsrettelser, operativsystemopdateringer og softwareopgraderinger. At holde enheder opdateret med den nyeste software sikrer, at de er beskyttet mod kendte sårbarheder og udnyttelser.

I tilfælde af tab eller tyveri af enheden giver DMS administratorer mulighed for at fjernslette data på enheden, hvilket forhindrer uautoriseret adgang til følsomme oplysninger. Denne funktion er især vigtig for at beskytte virksomhedens data, når enheder mistes eller bliver stjålet.

Farerne ved Device Management Solutions

Bekymringer om privatlivets fred

Mens DMS tilbyder organisationer forbedret sikkerhed, rejser det også bekymringer om privatlivets fred, især når det bruges i et Bring Your Own Device-miljø (BYOD). Medarbejdere kan føle sig utilpas med, at deres personlige enheder overvåges eller kontrolleres af deres arbejdsgiver, hvilket fører til potentielle konflikter og udfordringer i forbindelse med indførelse af DMS.

Risiko for databrud

Den centraliserede kontrol leveret af DMS kan være et tveægget sværd. Hvis DMS-platformen kompromitteres, kan den give angribere et enkelt indgangspunkt for at få adgang til et stort antal mobile enheder. Organisationer skal implementere robuste sikkerhedsforanstaltninger for DMS-platformen for at beskytte mod sådanne risici.

Enhedsejerskab og medarbejdernes fortrolighed

I Bring Your Own Device-scenarier kan DMS rejse problemer relateret til enhedsejerskab og medarbejdernes privatliv. Medarbejdere kan føle, at deres personlige enheder er under overdreven kontrol, eller at deres privatliv er kompromitteret. At balancere organisatoriske sikkerhedsbehov med medarbejdernes privatlivsrettigheder er en udfordring, der kræver nøje overvejelse.

Afhængighed af DMS-tilgængelighed

Organisationer, der er stærkt afhængige af DMS, kan blive udsat for driftsforstyrrelser, hvis DMS-platformen oplever nedetid eller tekniske problemer. Overafhængighed af DMS kan føre til vanskeligheder med at administrere enheder manuelt i sådanne perioder.

Device Management Solutions tilbyder betydelige fordele for organisationer, der søger at sikre og effektivt administrere deres mobile enheder. Ved at levere centraliseret kontrol, håndhævelse af politikker og fjernstyringsfunktioner forbedrer DMS enhedssikkerhed og strømliner enhedsadministration.

Organisationer skal dog være opmærksomme på de potentielle privatlivs- og sikkerhedsrisici forbundet med implementering af DMS. At finde den rette balance mellem sikkerhed, privatliv og brugeroplevelse er afgørende for at sikre en vellykket indførelse af DMS og beskyttelse af både organisatoriske data og medarbejdernes privatliv. Robuste sikkerhedsforanstaltninger bør være på plads for at beskytte selve DMS-platformen, da kompromittering af den kan have alvorlige konsekvenser for hele enhedsflåden.

C.17. Fysisk sikkerhed

Fysiske barrierer er afgørende for at forhindre uautoriseret adgang til mobile enheder. For eksempel kan skærmbeskyttere med privatlivsfiltre skjule skærmen for nysgerrige øjne. Derudover beskytter beskyttende etuier ikke kun enheder mod fysisk skade, men begrænser også adgangen til porte og knapper, hvilket reducerer risikoen for manipulation. Simpel praksis, såsom ikke at efterlade enheder uden opsyn på offentlige steder, holde dem ude af syne i køretøjer og opbevare dem sikkert, når de ikke er i brug, kan forhindre tyveri og uautoriseret adgang.

C.18. Sikker bortskaffelse

Ved bortskaffelse af gamle eller beskadigede mobile enheder skal brugerne sikre, at alle data slettes sikkert fra enheden. En fabriksnulstilling er ikke altid tilstrækkelig til at fjerne alle spor af følsomme oplysninger. Brug af specialiseret dataslettingssoftware eller -tjenester kan garantere, at data slettes permanent, hvilket beskytter mod potentielle databrud.

C.19. Sikker databackup

Mobile enheder er modtagelige for tab, beskadigelse eller tyveri. Derfor er det vigtigt at implementere sikker datasikkerhedskopiering for at forhindre tab af data i sådanne scenarier. Regelmæssig sikkerhedskopiering af data til sikker cloud-lagring eller eksterne enheder sikrer, at kritisk information forbliver tilgængelig, selvom den fysiske enhed er kompromitteret.

C.20. Sikker opstart

Secure Boot er en proces, der verificerer ægtheden og integriteten af hver komponent i opstartsprocessen, før den tillader den at køre. Det sikrer, at kun pålidelige og digitalt signerede opstartsindlæsere, operativsystemkerner og enhedsdrivere udføres under opstartssekvensen. Ethvert forsøg på at indlæse usigneret eller manipuleret kode forhindres, hvilket beskytter enheden mod ondsindet software, der kan forsøge at tage kontrol under de tidlige stadier af opstart.

Under sikker opstart kontrolleres hver bootloader og komponent mod kryptografiske signaturer leveret af enhedsproducenten eller operativsystemleverandøren. Hvis signaturerne matcher, og komponenterne består integritetskontrollen, fortsætter opstartsprocessen. Hvis en komponent mislykkes med verificeringen, standses opstartsprocessen, og enheden går i en gendannelsestilstand, hvor den kan forsøge at gendanne enheden til en kendt god tilstand eller give brugeren muligheder for at løse problemet.

C.21. Firmwareintegritet

Firmwareintegritet sikrer, at firmwaren, som er lavniveausoftware, der kontrollerer hardwarefunktionalitet, forbliver uændret og fri for uautoriserede ændringer. Firmware er til stede i forskellige komponenter af mobile enheder, såsom bootloaderen, radiogrænseflader og enhedscontrollere.

Firmware-integriteten opretholdes ved at anvende kryptografiske kontrolsummer eller digitale signaturer. Under firmwareopdateringer verificerer enheden ægtheden af den nye firmware ved hjælp af disse kryptografiske mekanismer. Hvis firmwaren ikke består integritetskontrollen, afbrydes opdateringsprocessen, hvilket forhindrer installationen af potentielt skadelig firmware.

I 2015 blev en alvorlig sikkerhedssårbarhed kaldet "Stagefright" opdaget i Android-operativsystemet. Sårbarheden gjorde det muligt for angribere at kompromittere Android-enheder ved at sende en specielt udformet multimediebesked (MMS). Stagefright kan udløses eksternt og potentielt påvirke millioner af Android-enheder.

Som et svar på denne kritiske sikkerhedsfejl udstedte enhedsproducenter og Google sikkerhedsopdateringer for at rette på sårbarheden. Sikker opstart og firmwareintegritet spillede en afgørende rolle i implementeringen af disse opdateringer. Enheder med Secure Boot aktiveret var beskyttet mod installation af skadelig software, der forsøgte at udnytte Stagefright-sårbarheden.

Sikker opstart og firmwareintegritet er stærkt afhængige af regelmæssige sikkerhedsopdateringer fra enhedsproducenten eller operativsystemleverandøren. Disse opdateringer inkluderer rettelser til kendte sårbarheder og sikkerhedsrettelser for at holde enhedens software opdateret og modstandsdygtig over for nye trusler. Regelmæssig opdatering af enhedens firmware og operativsystem er afgørende for at opretholde effektiviteten af disse sikkerhedsmekanismer.

Sikker opstart og firmwareintegritet er væsentlige sikkerhedsfunktioner i mobile enheder, der sikrer, at enheden starter op med pålidelig software og forhindrer uautoriserede ændringer af firmwaren. Ved at verificere integriteten af opstartsprocessen og firmwarekomponenterne beskytter disse mekanismer mod angreb på opstartsniveau og opretholder enhedens overordnede sikkerhed. Regelmæssige sikkerhedsopdateringer fra producenten er afgørende for at holde disse sikkerhedsfunktioner effektive mod nye trusler og sårbarheder.

C.22. Fysisk lagringsmedie

Mange mobile enheder understøtter udvidelig lagring via microSD-kort eller USB-drev. Brugere bør være opmærksomme på de potentielle risici forbundet med disse eksterne lagermedier. Lagring af følsomme data på flytbare medier bør undgås, eller om nødvendigt bør de krypteres for at bevare fortroligheden.

Ved at følge disse metoder kan du beskytte din mobilenhed og dens følsomme data mod sikkerhedstrusler. Det er dog vigtigt at huske, at ingen enkelt metode kan give fuldstændig beskyttelse, så det er vigtigt at bruge flere sikkerhedslag for at holde din enhed og dens data sikre.

D. Wi-Fi sikkerhed

I dette kapitel vil vi undersøge de forskellige sårbarheder og bedste praksis for Wi-Fi-sikkerhed.

Forstå Wi-Fi-netværk

Wi-Fi, forkortelse for Wireless Fidelity, er en teknologi, der gør det muligt for enheder at oprette forbindelse til et netværk trådløst. Et typisk Wi-Fi-netværk består af en router eller et adgangspunkt, der kommunikerer med forskellige enheder såsom bærbare computere, smartphones og IoT-enheder. Disse enheder bruger radiobølger til at transmittere og modtage data, hvilket gør det til en bekvem og tilgængelig måde at holde forbindelsen på.

Wi-Fi Security Fundamentals

D.1. Krypteringsprotokoller

Krypteringsprotokoller spiller en afgørende rolle i at sikre Wi-Fi-netværk mod ondsindede angribere. Vi starter med en oversigt over kryptering og dens betydning i forbindelse med Wi-Fi-sikkerhed, og udforsker derefter forskellige krypteringsprotokoller, både historiske og moderne, for at udstyre dig med den nødvendige viden til at træffe informerede beslutninger, når du sikrer dine Wi-Fi-netværk .

Forståelse af kryptering

Kryptering er processen med at konvertere almindelig tekst (data i dens oprindelige form) til chiffertekst (krypteret data) ved hjælp af en algoritme og en krypteringsnøgle. Det primære formål med kryptering er at beskytte følsomme oplysninger mod uautoriseret adgang og sikre, at kun autoriserede parter kan dechifrere og læse dataene.

Før vi undersøger detaljerne ved Wi-Fi-krypteringsalgoritmer, er det vigtigt at forstå, hvorfor kryptering er afgørende for trådløse netværk. Når data transmitteres over luften, er de modtagelige for aflytning og uautoriseret adgang. Uden kryptering kan angribere opsnappe følsomme oplysninger, såsom adgangskoder, personlige data eller økonomiske transaktioner, hvilket kompromitterer brugernes privatliv og sikkerhed. Kryptering sikrer, at data krypteres til et uforståeligt format under transmissionen, hvilket gør det uaflæsteligt for alle uden den korrekte dekrypteringsnøgle.

Krypteringsprotokoller er afhængige af to grundlæggende komponenter:

Algoritmer: Disse er matematiske funktioner, der bruges til at udføre den faktiske kryptering og dekryptering af data. Styrken og kompleksiteten af krypteringsalgoritmen påvirker direkte sikkerhedsniveauet for krypteringsprotokollen.

Krypteringsnøgler: Krypteringsnøgler bruges i kombination med algoritmer til at kryptere og dekryptere data. Der er to hovedtyper af nøgler: symmetriske og asymmetriske. Symmetrisk kryptering bruger den samme nøgle til både kryptering og dekryptering, mens asymmetrisk kryptering bruger et par nøgler – en offentlig nøgle til kryptering og en privat nøgle til dekryptering.

Historiske krypteringsprotokoller

Wired Equivalent Privacy (WEP)

WEP var en af de tidligste krypteringsprotokoller, der blev brugt til at sikre Wi-Fi-netværk. Desværre led det af betydelige sårbarheder, hvilket gør det let at bryde af angribere. WEP's nøgleplanlægningsalgoritme var mangelfuld, og brugen af en statisk nøgle gjorde den modtagelig for brute-force-angreb. Som et resultat blev WEP hurtigt erstattet af mere sikre protokoller.

Wi-Fi Protected Access (WPA)

WPA blev introduceret som en midlertidig løsning for at afhjælpe svaghederne ved WEP. Den brugte Temporal Key Integrity Protocol (TKIP) til at give forbedret sikkerhed. Det havde dog stadig sine sårbarheder, primært på grund af afhængigheden af ældre WEP til kompatibilitetsformål.

I de tidlige dage af Wi-Fi var WEP standard sikkerhedsprotokol. Det blev dog hurtigt klart, at WEP's krypteringsalgoritme var let at knække, hvilket efterlod trådløse netværk sårbare over for uautoriseret adgang og databrud. Da cybertrusler fortsatte med at eskalere, anerkendte Wi-Fi Alliance (en non-profit organisation, der er ansvarlig for at promovere og certificere Wi-Fi-teknologi) behovet for en stærkere sikkerhedsløsning.

Som svar på disse bekymringer introducerede Wi-Fi Alliance Wi-Fi Protected Access (WPA) i 2003. Oprindeligt blev WPA betragtet som en mellemløsning, mens den mere robuste Wi-Fi Protected Access 2 (WPA2) var under udvikling. WPA2 efterfulgte til sidst WPA og blev den mest udbredte sikkerhedsprotokol til trådløse netværk. WPA er dog stadig relevant og bruges ofte i ældre enheder og ældre systemer.

WPA forbedrede sikkerheden for trådløse netværk markant ved at implementere vigtige fremskridt i forhold til WEP. Den primære krypteringsmetode, der bruges i WPA, er Temporal Key Integrity Protocol (TKIP), som dynamisk ændrer krypteringsnøgler under datatransmission, hvilket gør det meget sværere for angribere at knække nøglen. Derudover anvender WPA en Message Integrity Check

(MIC) for at sikre, at datapakker ikke er blevet manipuleret under transmissionen.

En anden afgørende sikkerhedsfunktion introduceret i WPA er brugen af Extensible Authentication Protocol (EAP) frameworket, der muliggør mere sikre autentificeringsmetoder såsom 802.1x, som bruger en RADIUS (Remote Authentication Dial-In User Service) server til central godkendelse og godkendelse .

WPA2

WPA2, baseret på Advanced Encryption Standard (AES), blev industristandarden for Wi-Fi-sikkerhed. AES, en symmetrisk krypteringsalgoritme, bragte betydelige forbedringer i både sikkerhed og ydeevne. WPA2's implementering af AES-CCMP (Counter Mode with Cipher Block Chaining Message Authentication Code Protocol) leverede robust kryptering, hvilket reducerede risikoen for angreb markant.

Et af de kritiske elementer i WPA2's sikkerhed er fire-vejs håndtrykket, en proces, der giver en klient mulighed for sikkert at oprette forbindelse til et adgangspunkt. Under dette håndtryk etablerer både klienten og adgangspunktet de krypteringsnøgler, der bruges til datatransmission. Forståelse af forviklingerne ved fire-vejs håndtryk er afgørende for fuldt ud at forstå logikken bag Wi-Fi-krypteringsprocessen.

- Godkendelsesanmodning: Klienten starter forbindelsen ved at sende en godkendelsesanmodning til adgangspunktet.

- Godkendelsessvar: Som svar sender adgangspunktet et godkendelsessvar, der angiver, at det er klar til at fortsætte med håndtrykket.

- Nøglegenerering: Når godkendelsen er bekræftet, deltager klienten og adgangspunktet i en nøglegenereringsproces. Denne proces involverer udveksling af nonces (tilfældige tal) og andre kryptografiske elementer for at skabe en delt krypteringsnøgle uden at transmittere den faktiske nøgle trådløst.

- Gruppenøglehåndtryk: Til sidst forekommer et gruppenøglehåndtryk, som gør det muligt for klienten og adgangspunktet at etablere den nøgle, der bruges til broadcast- og multicast-kommunikation inden for netværket.

Moderne krypteringsprotokoller

WPA3

Som reaktion på nye trusler og behovet for højere sikkerhedsstandarder blev WPA3 introduceret. WPA3 implementerer Simultaneous Authentication of Equals (SAE), også kendt som Dragonfly, som styrker godkendelsesprocessen og giver fremadrettet hemmeligholdelse. Det afbøder offline-ordbogsangreb og forbedrer sikkerheden på enheder med begrænsede brugergrænseflader.

Opportunistisk trådløs kryptering (OWE)

OWE, også kendt som "Enhanced Open", er designet til at give kryptering selv på åbne Wi-Fi-netværk uden at kræve, at brugere skal indtaste adgangskoder. Det hjælper med at beskytte brugere mod passiv aflytning og man-in-the-midten-angreb, hvilket forbedrer sikkerheden uden at gå på kompromis med brugeroplevelsen.

Valg af den rigtige krypteringsprotokol

Valget af den passende krypteringsprotokol afhænger af forskellige faktorer, herunder netværkets følsomhed, kompatibilitet med eksisterende enheder og sikkerhedskrav. Overvej følgende, når du træffer din beslutning:

Sikkerhed: Prioriter altid protokoller med stærkere kryptering og færre sårbarheder.

Kompatibilitet: Sørg for, at den valgte protokol understøttes af alle enheder på netværket.

Forskrifter: I nogle tilfælde kan specifikke regler eller standarder påbyde brugen af visse krypteringsprotokoller.

Bedste praksis for implementering

Uanset hvilken krypteringsprotokol der er valgt, gælder nogle bedste fremgangsmåder:

Regelmæssige opdateringer: Hold netværksudstyrets firmware og software opdateret for at rette potentielle sårbarheder.

Stærke adgangskoder: Brug stærke og unikke adgangskoder til Wi-Fi-adgang, hvilket sikrer modstand mod brute-force-angreb.

Gæstenetværk: Konfigurer gæstenetværk for at adskille gæstebrugere fra hovednetværket og beskytte følsomme data.

At forstå vigtigheden af kryptering i Wi-Fi-sikkerhed er afgørende for at beskytte data fra ondsindede aktører. Husk at vælge den rigtige krypteringsprotokol baseret på dine specifikke behov og implementer bedste praksis for at opretholde et robust og sikkert Wi-Fi-netværk.

D.2. SSID-udsendelse

Service Set Identifier (SSID) er navnet på dit Wi-Fi-netværk. Selvom det kan virke bekvemt at udsende SSID'et, kan skjule det tilføje et ekstra lag af sikkerhed. Denne foranstaltning alene vil dog ikke holde beslutsomme angribere på afstand. Så det bør bruges sammen med andre sikkerhedsforanstaltninger.

D.3.   Sikring af dit Wi-Fi-netværk

Stærke adgangskoder

En robust adgangskode er den første forsvarslinje mod uautoriseret adgang til dit Wi-Fi-netværk. Undgå at bruge almindelige adgangskoder, og inkluder en blanding af store og små bogstaver, tal og specialtegn. Længere adgangskoder er generelt mere sikre, så sigt efter minimum 12 tegn.

Opdater regelmæssigt routerens firmware

Producenter frigiver firmwareopdateringer for at løse sikkerhedssårbarheder og forbedre ydeevnen. Gør det til en vane at tjekke efter og anvende firmwareopdateringer regelmæssigt for at holde din router sikker.

Deaktiver Fjernstyring

Medmindre du har brug for fjernadgang af specifikke årsager, skal du deaktivere fjernstyring på din router. Dette reducerer risikoen for, at uautoriserede personer forsøger at få adgang til og kontrollere dine routerindstillinger.

MAC-adressefiltrering

Media Access Control (MAC) adressefiltrering giver dig mulighed for at angive, hvilke enheder der kan oprette forbindelse til dit netværk baseret på deres unikke hardware MAC-adresser. Selvom det ikke er idiotsikkert, kan det at kombinere dette med andre sikkerhedsforanstaltninger hjælpe med at styrke dit netværks forsvar.

Gæstenetværk

Mange moderne routere tilbyder en gæstenetværksfunktion, så du kan oprette et separat netværk for besøgende. Dette isolerer deres enheder fra dit hovednetværk, hvilket forhindrer potentiel uautoriseret adgang til dine private filer og enheder.

Wi-Fi Protected Setup (WPS)

Deaktiver WPS, hvis din router understøtter det. WPS kan være sårbar over for brute-force-angreb, hvilket giver angribere mulighed for at få adgang til dit netværk ved at gætte pinkoden.

D.4.   Falske Wi-Fi-netværk

Falske Wi-Fi-netværk, også kendt som useriøse Wi-Fi-netværk eller onde tvillinge-Wi-Fi-netværk, er en voksende bekymring for cybersikkerhed. Disse vildledende netværk er blevet brugt af hackere til at udnytte tilliden hos intetanende brugere, hvilket gør dem til et stærkt værktøj til at udføre kriminelle aktiviteter.

Oprettelse af det falske netværk

Opsætning af et falsk Wi-Fi-netværk er overraskende ligetil for dygtige angribere. De kan bruge trådløse routere eller endda specialfremstillet hardware til at skabe disse useriøse netværk. Ved at tilpasse netværkets Service Set Identifier (SSID) til at matche et velkendt og betroet offentligt Wi-Fi-hotspot, bedrager angriberen brugere til at tro, at de opretter forbindelse til et legitimt netværk. Dette er hovedlogikken i falske Wi-Fi-netværk.

For at gøre det falske netværk mere lokkende, kan angribere bruge almindelige navne som "Gratis Wi-Fi" eller "Gæste Wi-Fi", som almindeligvis findes i offentlige rum, hvor folk forventer at finde åbne Wi-Fi-forbindelser. Målet er at narre brugere til at oprette forbindelse til deres ondsindede netværk i stedet for det ægte.

Vildledende godkendelse

Brugere er ofte vant til at oprette forbindelse automatisk til kendte netværk eller dem med stærkere signaler. Angribere udnytter denne adfærd ved at konfigurere deres falske Wi-Fi-netværk til at have et mere potent signal end nærliggende legitime netværk. Som et resultat kan brugerens enhed automatisk oprette forbindelse til det useriøse netværk uden deres viden.

Desuden bruger nogle angribere mere avancerede teknikker såsom deautentificeringsangreb, også kendt som deauth-angreb. I et Wi-Fi-netværk forbinder enheder som smartphones eller bærbare computere et adgangspunkt (router) ved hjælp af en fire-vejs håndtrykproces. Under denne proces udveksler adgangspunkt og enhed kryptografiske nøgler for at etablere en sikker forbindelse. En angriber kan bruge specialiseret software eller værktøjer til at generere og overføre deautentificeringspakker over Wi-Fi-netværket. Disse pakker efterligner adgangspunktet og målretter mod de tilsluttede enheder. Når den målrettede enhed modtager deautentificeringspakkerne, skal du fortolke dem som en legitim anmodning om afbrydelse fra adgangspunktet og afbryde forbindelsen til netværket. Efter at være blevet deautentificeret forsøger enheden at genoprette forbindelse til Wi-Fi-netværket. Afhængigt af netværket og enhedsindstillingerne kan de automatisk oprette forbindelse igen eller kræve manuel genforbindelse af brugeren.

Deauth-angreb er i bund og grund et denial-of-service (DoS) angreb til brugere af et Wi-Fi-netværk. Forstyrrer deres evne til at bruge netværket i en kort periode. Disse angreb kan være særligt effektive i overfyldte områder med adskillige Wi-Fi-enheder.

Det er vigtigt at bemærke, at deautentificeringsangreb normalt kræver, at angriberen er fysisk tæt på Wi-Fi-netværket, fordi Wi-Fi-signaler har begrænset rækkevidde.

Almindelig måde at forsvare sig mod deautentificeringsangreb på er at implementere ordentlige Wi-Fi-sikkerhedsforanstaltninger, såsom at bruge stærke krypteringsprotokoller som WPA2 eller WPA3, holde Wi-Fi-udstyrets firmware opdateret og overvåge netværket for mistænkelige aktiviteter.

Målrettede angreb

Falske Wi-Fi-netværk er ikke kun installeret på offentlige steder, men kan også konfigureres specifikt til at målrette mod bestemte personer eller organisationer. Angribere kan bruge disse netværk i nærheden af firmakontorer eller offentlige bygninger for at få uautoriseret adgang til følsomme oplysninger.

Beskyt dig selv mod falske Wi-Fi-netværk

Bekræft Wi-Fi-netværk: Bekræft altid det korrekte navn og legitimationsoplysninger for Wi-Fi-netværket med stedet eller personalet, før du opretter forbindelse.

Brug VPN: VPN'er skaber en sikker tunnel mellem din enhed og en server, der sikrer, at selvom dataene opsnappes, forbliver de krypteret og ulæselige for angribere.

Undgå usikrede websteder: Sørg for, at du kun besøger websteder, der bruger HTTPS-kryptering, især når du indtaster følsomme oplysninger som adgangskoder eller kreditkortoplysninger. Se efter hængelåssymbolet og "https://" i URL'en, hvilket indikerer en sikker forbindelse.

Glem ukendte netværk: Når du har brugt et offentligt Wi-Fi-netværk, skal du glemme eller fjerne netværket fra din enheds gemte netværk for at forhindre automatiske forbindelser i fremtiden.

Opdater dine enheder: Det er vigtigt at holde dine enheder og apps opdateret med de nyeste sikkerhedsrettelser for at afbøde potentielle sårbarheder, som angribere kan udnytte.

Brug en firewall: Konfigurer din enheds firewall for at begrænse uautoriseret adgang og kommunikation mellem din enhed og andre netværk.

Overvåg batteridræning: Falske Wi-Fi-netværk kan dræne din enheds batteri hurtigere end normalt på grund af den øgede aktivitet. Hvis du bemærker usædvanlig hurtig batteriopladning, skal du være forsigtig med det Wi-Fi-netværk, du er tilsluttet.

Offentlig Wi-Fi-bevidsthed: Vær forsigtig, når du opretter forbindelse til offentlige Wi-Fi-netværk, især dem, der ikke kræver adgangskoder eller har mistænkeligt stærke signaler.

Cyberkriminelle kan spionere på din onlineaktivitet, stjæle dine personlige oplysninger eller inficere din enhed med malware. For at beskytte dig selv og dine data er her nogle nyttige tips til offentlig Wi-Fi-bevidsthed:

VII. ENDPUNTSSIKKERHED

A. Oversigt

Slutpunktsikkerhed refererer til beskyttelse af enheder såsom computere, smartphones og andre onlineenheder mod cybertrusler. Disse enheder er ofte den første forsvarslinje for et netværk, og det er vigtigt at sikre dem for at sikre den overordnede sikkerhed i en organisations netværk.

Hvorfor Endpoint Security er vigtigt?

Endpoints er det svageste led i en organisations sikkerhedskæde, og sikring af dem er afgørende for at beskytte følsomme oplysninger og data. Disse enheder har ofte adgang til følsomme data, såsom økonomiske oplysninger, personlig identifikation eller fortrolige forretningsoplysninger og er sårbare over for angreb. Hvis en angriber får adgang til et slutpunkt, kan de nemt sprede malware og stjæle følsomme data, hvilket kompromitterer hele netværket.

Med fremkomsten af fjernarbejde og udbredelsen af mobile enheder er den traditionelle netværksperimeter stort set forsvundet. Dette skift gør slutpunktssikkerhed så meget desto vigtigere. Endpoint-sikkerhedsløsninger giver en centraliseret tilgang til at beskytte alle slutpunkter, der er forbundet til et netværk.

Komponenter af Endpoint Security

Slutpunktsikkerhed involverer typisk flere komponenter, der arbejder sammen. Disse kan omfatte antivirus/anti-malware-software, firewalls, indtrængningsforebyggelsessystemer, sandboxing, kryptering, e-mailsikkerhed og forebyggelse af datatab.

Implementering af Endpoint Security

Implementering af slutpunktssikkerhed involverer implementering af sikkerhedsløsninger på alle slutpunkter, konfigurering af indstillinger i henhold til bedste praksis, regelmæssig opdatering og patchning af disse løsninger og løbende overvågning af slutpunktstatus.

Slutpunktsikkerhed står over for flere udfordringer, herunder:

Stadig mere sofistikerede trusler: Cybertrusler bliver mere avancerede og sværere at opdage. Angribere udvikler konstant nye metoder til at omgå traditionelle sikkerhedsforanstaltninger.

Stigende antal endepunkter: Med stigningen i fjernarbejde og BYOD-politikker (Bring Your Own Device), er antallet af endepunkter, der skal sikres, steget markant. Dette gør det sværere for it-teams at administrere og sikre disse enheder.

Mangel på synlighed: Det kan være udfordrende for organisationer at få fuld synlighed i alle deres endepunkter, især med brugen af personlige enheder og IoT-enheder i netværket.

Patch Management: At holde alle endepunkter opdateret med de nyeste patches er en skræmmende opgave, især for store organisationer med adskillige enheder.

Brugeradfærd: Slutbrugere engagerer sig ofte i risikabel adfærd, såsom at klikke på ondsindede links eller bruge svage adgangskoder, som kan kompromittere slutpunktssikkerheden.

AI's rolle i Endpoint Security

Kunstig intelligens (AI) spiller en stadig vigtigere rolle i slutpunktssikkerhed. AI kan analysere enorme mængder data for at identificere mønstre og anomalier, der kan indikere en trussel. Dette giver mulighed for hurtigere registrering og responstider, selv for hidtil ukendte trusler.

Endpoint Securitys fremtid

Fremtiden for slutpunktssikkerhed ligger i integrerede løsninger, der ikke kun tilbyder traditionel beskyttelse, men også inkorporerer nyere teknologier som kunstig intelligens og maskinlæring. Disse teknologier kan hjælpe med proaktiv trusselsjagt og adfærdsanalyse for at identificere og afbøde trusler, før de kan forårsage betydelig skade.

Nye tendenser inden for slutpunktssikkerhed omfatter:

Human-Centric Security Design: Det er en transformativ tilgang til cybersikkerhed, der placerer individet i stedet for teknologi, trussel eller placering i centrum for kontroldesign og implementering. Denne tilgang anerkender, at mennesker både er det svageste led og den første forsvarslinje inden for cybersikkerhed. Ved at tage fat på menneskelig adfærd og tage hensyn til brugeren i alle aspekter af sikkerhedsdesign, kan virksomheder reducere sandsynligheden for menneskelige fejl og styrke deres overordnede cybersikkerhedsposition.

Cloud-migrering: Den mest markante tendens på markedet for slutpunktsikkerhed er accelerationen af organisationer, der migrerer til skyen. Skyen driver nye slutpunktsikkerhedsstrategier. Virksomheder er interesserede i at gå over til cloud-leveret sikkerhed for at reducere omkostninger/kompleksitet, forenkle sikkerheden for mobile brugere og indføre nye muligheder. Men det faktum, at "begrebet sky i sidste ende er en andens computer", bør aldrig ignoreres.

B. Typer af slutpunktsikkerhedstrusler, og hvordan de virker

B.1. Malware

Malware henviser til enhver software, der er designet til at skade et computersystem eller stjæle følsomme oplysninger. Nogle af de mest almindelige typer malware omfatter vira, orme, trojanske heste og ransomware. Disse ondsindede programmer kan leveres til en enhed via e-mailvedhæftede filer, downloads fra ikke-pålidelige websteder eller via ondsindede softwareopdateringer.

B.2. Phishing

Phishing er en type angreb, der bruger social engineering taktik til at narre brugere til at afsløre følsomme oplysninger. Angriberen vil ofte oprette en falsk e-mail eller et websted, der ligner en legitim kilde, og bede brugeren om at give følsomme oplysninger, såsom login-legitimationsoplysninger eller økonomiske oplysninger.

B.3. Man-in-the-Middle-angreb

Denne type angreb opstår, når en angriber opsnapper og ændrer kommunikationen mellem to parter. Angriberen kan ændre eller stjæle følsomme oplysninger under transmissionen.

B.4. Drive-by downloads

Drive-by-downloads sker, når en bruger besøger et websted, der indeholder ondsindet kode. Koden udføres automatisk på enheden, hvilket potentielt installerer malware eller stjæler følsomme oplysninger.

Der er en række måder, hvorpå skadelig kode kan indlejres på et websted. En almindelig måde er ved at bruge udnyttelsessæt. Udnyttelsessæt er ondsindet software, der kan udnytte sårbarheder i webbrowsere og anden software. Når en bruger besøger et websted, der indeholder et udnyttelsessæt, kan sættet udnytte en sårbarhed i brugerens software og downloade malware til enheden.

En anden måde, hvorpå ondsindet kode kan indlejres på et websted, er ved at bruge social engineering-teknikker. Social engineering-teknikker bruges til at narre brugere til at klikke på ondsindede links eller åbne ondsindede vedhæftede filer. For eksempel kan en hacker sende en e-mail, der ser ud til at være fra en legitim kilde, såsom en bank eller et kreditkortselskab. E-mailen kan indeholde et ondsindet link. Når der klikkes på den, vil den downloade malware til brugerens enhed.

Drive-by-downloads kan være en alvorlig trussel mod computersikkerheden. Malware, der installeres via en drive-by-download, kan stjæle personlige oplysninger såsom adgangskoder og kreditkortnumre. Det kan også beskadige eller ødelægge filer eller endda tage kontrol over den inficerede enhed.

Brugere bør være forsigtige med, hvilke links de klikker på, hvilke vedhæftede filer de åbner og kun besøge websteder, som de stoler på for at beskytte sig selv mod drive-by downloads.

B.5. Rootkits

Rootkits er en type malware, der er designet til at skjule deres tilstedeværelse på et kompromitteret system. De gør dette ved at ændre eller erstatte systemfiler, processer og datastrukturer for at skabe en skjult kanal for kommunikation mellem angriberen og det kompromitterede system. Rootkits kan også ændre adfærden af andre applikationer og operativsystemkomponenter for at skjule deres egne ondsindede aktiviteter.

Rootkits får typisk adgang til et system ved at udnytte en sårbarhed eller ved at narre en bruger til at køre et ondsindet program. Når det er installeret, kan et rootkit udføre en række ondsindede aktiviteter, herunder at stjæle data, overvåge brugeraktivitet og give angribere mulighed for at fjernstyre det kompromitterede system.

Typer af rootkits

Der er flere typer rootkits, hver med deres egne unikke egenskaber og betjeningsmetoder. Nogle almindelige typer rootkits inkluderer:

Rootkits på brugerniveau: Disse rootkits fungerer på brugerniveau, hvilket betyder, at de kræver, at brugeren har administrative rettigheder på det kompromitterede system for at kunne fungere. De ændrer typisk systemfiler og processer for at skjule deres tilstedeværelse og tillade angribere at opretholde vedvarende adgang til systemet.

Kernel-level Rootkits: Disse rootkits fungerer på kerne-niveau, hvilket betyder, at de har fuldstændig adgang til operativsystemet og kan ændre dets adfærd på en række forskellige måder. De er sværere at opdage og fjerne end rootkits på brugerniveau og kan bruges til at skabe bagdøre, stjæle data og udføre andre ondsindede aktiviteter.

Bootloader Rootkits: Disse rootkits inficerer systemets bootloader, som er ansvarlig for at indlæse operativsystemet i hukommelsen. Ved at ændre bootloaderen kan et rootkit indlæse sig selv i hukommelsen før operativsystemet, hvilket gør det praktisk talt uopdagligt.

Hypervisor Rootkits: Disse rootkits fungerer på hypervisor niveau, som er et lag af software, der sidder mellem operativsystemet og hardwaren. Ved at ændre hypervisoren kan et rootkit opsnappe og ændre systemkald, så det forbliver skjult fra operativsystemet og andre sikkerhedsforanstaltninger.

Registrering og fjernelse af rootkits

Detektering og fjernelse af rootkits kan være en vanskelig og tidskrævende proces, da de er designet til at undgå registrering og fjernelse. Nogle almindelige teknikker til at opdage og fjerne rootkits inkluderer:

Scanning for mistænkelige filer og processer: Antivirussoftware og andre sikkerhedsværktøjer kan scanne et system for mistænkelige filer og processer, der kan være forbundet med et rootkit.

Kontrol af systemlogfiler: Rootkits kan ofte detekteres ved at undersøge systemlogfiler for usædvanlig aktivitet eller tegn på manipulation.

Udførelse af en ren installation af operativsystemet: I nogle tilfælde er den eneste måde at fjerne et rootkit på at udføre en ren installation af operativsystemet, tørre harddisken og geninstallere al software og data.

Brug af specialiserede værktøjer til fjernelse af rootkit: Der er flere specialiserede værktøjer til rådighed til at opdage og fjerne rootkits.

Dette er blot nogle få eksempler på de typer trusler, der kan påvirke slutpunktsenheder. Det er vigtigt at være opmærksom på de forskellige typer trusler og forstå, hvordan de virker for effektivt at beskytte mod dem.

B.6. Botnets

Botnets er en af de mest almindelige og farligste trusler på internettet. De er netværk af kompromitterede enheder, der kontrolleres af hackere til at udføre forskellige ondsindede aktiviteter såsom spamming, stjæle data, lancere distribuerede denial-of-service (DDoS)-angreb og mere.

Hvad er et botnet?

Et botnet er en gruppe af enheder, der er blevet inficeret med malware og er fjernstyret af en hacker, også kendt som en botmaster eller en bot-hyrde. Enhederne kan være computere, smartphones, routere eller enhver anden online enhed. De inficerede enheder kaldes bots eller zombier, og de viser normalt ingen tegn på infektion til brugerne.

Et botnet kan bestå af hundreder, tusinder eller flere bots, afhængigt af hvor mange enheder hackeren kan inficere og kontrollere. Hackeren kan bruge botnettet til at udføre forskellige opgaver, der kræver en stor mængde computerkraft eller båndbredde, såsom:

- Afsendelse af spam-e-mails eller beskeder til millioner af modtagere
- Stjæle personlige eller økonomiske oplysninger fra de inficerede enheder eller deres netværk
- Lancering af DDoS-angreb, der overvælder målwebstedet eller -serveren med en enorm mængde trafik
- Distribution af malware eller ransomware til andre enheder
- Mining af kryptovalutaer ved hjælp af processorkraften fra de inficerede enheder
- Udførelse af kliksvindel eller annoncesvindel ved at generere falske klik eller visninger på onlineannoncer

Hvordan fungerer et botnet?

Et botnet fungerer ved at følge disse trin:

Hackeren opretter eller skaffer et malwareprogram, der kan inficere og kontrollere enheder. Malwareprogrammet kan være en trojan, orm, virus eller enhver anden type malware. Hackeren distribuerer malware-programmet til potentielle ofre ved hjælp af forskellige metoder såsom phishing-e-mails, ondsindede downloads, drive-by-downloads, udnyttelsessæt eller social engineering. Malwareprogrammet inficerer enhederne og etablerer en forbindelse med en server eller et peer-to-peer-netværk. Serveren eller P2P-netværket bruges af hackeren til at sende kommandoer og opdateringer til botterne og modtage information fra dem. Hackeren bruger botnettet til at udføre de ønskede opgaver ved at sende kommandoer til botterne. Botterne udfører kommandoerne og rapporterer tilbage til hackeren.

Forskellige typer botnets

Botnets kan klassificeres i forskellige typer baseret på deres arkitektur, kommunikationsmetode eller formål. Nogle af de almindelige typer af botnets er:

Centraliserede botnets: Disse botnets bruger en kommando- og kontrolserver eller en gruppe af servere til at kommunikere med botterne. Hackeren kan nemt kontrollere og opdatere bots ved hjælp af serveren, men serveren er også et enkelt fejlpunkt, der kan opdages og fjernes.

Decentraliserede botnets: Disse botnets bruger et P2P-netværk til at kommunikere med botterne. Botterne kan kommunikere med hinanden uden at være afhængige af en central server, hvilket gør dem mere modstandsdygtige og svære at forstyrre. P2P-botnet kan dog også have nogle ulemper såsom højere båndbreddeforbrug og lavere skalerbarhed.

Hybride botnets: Disse botnets kombinerer både centraliserede og decentraliserede arkitekturer for at opnå en balance mellem effektivitet og robusthed. For eksempel bruger nogle hybride botnet en server til indledende infektion og opdateringer, men skifter til et P2P-netværk, når det kommer til kommandoudførelse og datatransmission.

Mobile botnets: Disse botnets er målrettet mod mobile enheder såsom smartphones og tablets. Mobile botnets kan udnytte sårbarhederne i mobile operativsystemer, applikationer eller netværk til at inficere og kontrollere enhederne. Mobile botnets kan også bruge SMS-beskeder eller mobildataforbindelser til at kommunikere med bots.

IoT botnets: Disse botnets er rettet mod internet-of-things (IoT) enheder såsom routere, kameraer eller smart-tv'er. IoT-botnets kan drage fordel af de svage sikkerhedsforanstaltninger og standardadgangskoder på mange IoT-enheder til at inficere og kontrollere dem. IoT-botnets kan generere enorme mængder trafik til DDoS-angreb på grund af det store antal involverede enheder.

Hvordan forhindrer man botnet-angreb?

Botnet-angreb kan forårsage alvorlig skade på enkeltpersoner, virksomheder og organisationer. Derfor er det vigtigt at træffe forebyggende foranstaltninger for at beskytte dine enheder mod at blive inficeret og brugt af hackere. Nogle af de bedste fremgangsmåder til at forhindre botnet-angreb er:

Hold din software opdateret: Nye vira og malware oprettes hver dag, så det er vigtigt at opdatere dit operativsystem, applikationer, antivirussoftware og firewall regelmæssigt for at rette eventuelle sikkerhedssårbarheder og beskytte din enhed mod nye trusler.

Undgå mistænkelige links og vedhæftede filer: Klik ikke på links eller åbn vedhæftede filer fra ukendte eller upålidelige kilder. De kan indeholde malware, der kan inficere din enhed. Du må heller ikke downloade software fra ubekræftede websteder eller peer-to-peer-netværk. De kan også indeholde malware eller uønskede programmer.

Installer et botnet-forebyggelsesværktøj: Brug et botnet-forebyggelsesværktøj, der kan overvåge din netværkstrafik og registrere eventuelle tegn på botnet-aktivitet. Det kan også blokere eventuelle ondsindede forbindelser eller kommandoer fra hackeren og advare dig om potentielle trusler.

C. Metoder til beskyttelse af endepunkter mod angreb

Endpoints er indgangspunkter for cyberangreb, hvilket gør dem til en af de mest sårbare dele af ethvert netværk. Disse kan være bærbare computere, stationære computere, servere, mobile enheder og endda Internet of Things (IoT) enheder. For at beskytte endepunkter mod cyberangreb er der flere metoder, der kan bruges.

C.1. Antivirus og anti-malware software

Installation af antivirus- og anti-malware-software på alle endepunkter er den første forsvarslinje mod cyberangreb. Disse softwareprogrammer registrerer og fjerner vira, malware, spyware og anden ondsindet software, der kan kompromittere slutpunktssikkerheden.

C.2. Firewall

En firewall fungerer som en barriere mellem slutpunktet og internettet og beskytter slutpunktet mod uautoriseret adgang. Firewalls kan også konfigureres til at blokere indgående og udgående trafik baseret på specifikke regler og politikker.

C.3. Softwareopdateringer

Regelmæssig opdatering af al software på slutpunktet, inklusive operativsystemet, browsere og andre applikationer, er vigtigt for at holde slutpunktet sikkert. Softwareopdateringer inkluderer ofte sikkerhedsrettelser, der adresserer kendte sårbarheder.

C.4. Netværkssegmentering

Segmentering af netværket i mindre dele hjælper med at begrænse virkningen af et sikkerhedsbrud. Slutpunkter kan tildeles forskellige sikkerhedszoner, og politikker kan implementeres for at begrænse adgangen mellem zoner.

C.5. Kryptering

Kryptering af følsomme data gemt på endepunkter gør det vanskeligt for angribere at få adgang til eller stjæle dataene, selvom endepunktet er kompromitteret.

C.6. Sikkerhedskopiering og gendannelse

Regelmæssig sikkerhedskopiering af vigtige data og at have en katastrofegendannelsesplan på plads er afgørende for hurtigt at genoprette efter et sikkerhedsbrud.

C.7. Endpoint Detection and Response (EDR) værktøjer:

Endpoint Detection and Response (EDR): EDR-værktøjer overvåger og indsamler løbende data fra endpoints for at opdage trusler, udløse advarsler og igangsætte reaktionshandlinger. De giver synlighed i slutpunktsdata og bruger avanceret analyse til at identificere potentielle trusler, der kan have omgået indledende forsvar.

C.8. Network Access Control (NAC): NAC-løsninger styrer adgangen til netværket baseret på en enheds overholdelse af en defineret sikkerhedspolitik. Dette inkluderer faktorer som tilstedeværelsen af antivirussoftware, up-to-date patches og specifikke konfigurationer. Ikke-kompatible enheder kan begrænses eller blokeres fra at få adgang til netværket.

C.9. Mobile Device Management (MDM): Med udbredelsen af smartphones og tablets på arbejdspladsen er Mobile Device Management (MDM) blevet en vigtig del af slutpunktssikkerhed. MDM-værktøjer giver it-teams mulighed for at administrere og sikre disse enheder, håndhæve politikker, administrere apps og beskytte mod trusler.

VIII. IDENTITETS- OG ADGANGSSTYRING (IAM)

A. Oversigt

IAM er en kritisk komponent i enhver organisations sikkerhedsinfrastruktur, ansvarlig for at sikre, at de rigtige mennesker har adgang til de rigtige ressourcer på det rigtige tidspunkt. I dette kapitel giver vi et overblik over, hvad IAM er, og hvorfor det er vigtigt, så du bedre kan forstå, hvordan det passer ind i det overordnede billede af internetsikkerhed.

Hvad er identitets- og adgangsstyring?

IAM refererer til de politikker, processer og teknologier, som organisationer bruger til at administrere og sikre digitale identiteter og den adgang, de har til følsomme data og systemer. Dette inkluderer alt fra oprettelse og administration af brugerkonti og adgangskoder til at kontrollere, hvem der kan få adgang til hvilke ressourcer og hvornår.

Hvorfor er IAM vigtigt?

IAM er vigtigt, fordi det hjælper organisationer med at sikre, at deres følsomme data og systemer er beskyttet mod uautoriseret adgang og tyveri. Ved at kontrollere, hvem der har adgang til hvilke ressourcer, kan organisationer reducere risikoen for brud, beskytte deres data mod tyveri og opretholde privatlivets fred og sikkerhed for deres kunder og medarbejdere.

IAM hjælper også organisationer med at overholde forskellige regler og standarder, såsom General Data Protection Regulation (GDPR) og Payment Card Industry Data Security Standard (PCI DSS), som kræver, at organisationer implementerer strenge sikkerhedsforanstaltninger for at beskytte persondata og følsomme oplysninger.

Overordnet set er IAM en væsentlig del af enhver organisations sikkerhedsstrategi, der danner grundlag for beskyttelse af følsomme data og systemer, opretholdelse af privatlivets fred og sikkerhed for enkeltpersoner og sikring af overholdelse af relevante regler og standarder.

På de næste sider vil vi undersøge de forskellige komponenter i IAM og udforske de forskellige teknikker og teknologier, som organisationer kan bruge til at beskytte deres digitale identiteter og adgang til følsomme data og systemer.

B. Typer af IAM-trusler, og hvordan de virker

Identity and Access Management (IAM) er en væsentlig komponent i en organisations sikkerhedsstrategi. Det primære formål med IAM er at sikre, at kun autoriserede personer har adgang til følsomme data og systemer i organisationen. Men ligesom enhver anden sikkerhedsforanstaltning er IAM også modtagelig over for forskellige trusler, der kan kompromittere dens effektivitet. I dette kapitel vil vi se på de forskellige typer af IAM-trusler, og hvordan de virker.

B.1. Socialtekniske angreb

Disse angreb udnytter menneskelig psykologi snarere end tekniske sårbarheder, hvilket gør dem særligt udfordrende at forhindre. I forbindelse med IAM har social engineering-angreb til formål at narre individer til at afsløre deres legitimationsoplysninger eller give uautoriseret adgang til følsomme systemer. Angribere udgiver sig ofte som betroede enheder såsom kolleger eller it-supportpersonale for at vinde ofrets tillid og manipulere dem til at videregive fortrolige oplysninger.

Der er flere almindelige teknikker, der bruges i social engineering-angreb:

Phishing: Dette er måske den mest kendte form for social engineering. I et phishing-angreb sender angriberen en e-mail eller besked, der ser ud til at komme fra en betroet kilde, såsom en bank eller en kollega. Beskeden indeholder typisk et link til en falsk hjemmeside, hvor offeret bliver bedt om at indtaste deres legitimationsoplysninger.

Lokk: Lokk involverer at tilbyde noget lokkende til offeret i bytte for deres information. For eksempel kan en angriber efterlade et USB-drev fyldt med malware på et offentligt sted i håb om, at nogen finder det og slutter det til deres computer.

Påskud: I påskudsangreb skaber angriberen et opdigtet scenarie (påskuddet) for at engagere offeret. Angriberen kan foregive at have brug for visse oplysninger fra offeret for at bekræfte deres identitet.

Disse teknikker kan være yderst effektive, fordi de udnytter menneskelige tendenser til at stole på andre og ønske om bekvemmelighed. Vi vil dybt undersøge social engineering og dens farer i de næste kapitler.

B.2. Adgangskodeangreb

På trods af stigningen i multifaktorautentificering er adgangskoder fortsat en primær godkendelsesmetode, hvilket gør dem til et primært mål for angribere. I forbindelse med IAM har adgangskodeangreb til formål at knække eller omgå adgangskoder for at få uautoriseret adgang til systemer.

Der er flere teknikker, som angribere bruger:

Brute Force Attacks: Dette er en trial-and-error-metode, der bruges til at indhente oplysninger såsom en brugeradgangskode eller personligt identifikationsnummer (PIN). I et brute force-angreb bruges automatiseret software til at generere et stort antal på hinanden følgende gæt på værdien af de ønskede data.

Ordbogsangreb: I modsætning til brute force-angreb, der prøver alle mulige kombinationer, forsøger ordbogsangreb en forudbestemt liste over værdier, såsom ord i en ordbog. Angribere bruger ofte ordbøger med almindeligt anvendte adgangskoder, hvilket kan være overraskende effektivt i betragtning af antallet af mennesker, der bruger enkle, let at gætte adgangskoder.

Adgangskodesprøjtning: Denne teknik involverer at prøve et lille antal almindeligt anvendte adgangskoder mod et stort antal konti. Denne metode kan være effektiv og snigende, fordi den kun gør et par forsøg på hver konto, hvilket reducerer sandsynligheden for at udløse kontolåse eller andre sikkerhedsforsvar.

Keylogger-angreb: En keylogger er en type overvågningsteknologi, der bruges til at overvåge og registrere hvert tastetryk, der indtastes på en bestemt computers tastatur. Angribere bruger keyloggere til at fange fortrolige brugerdata som brugernavne, adgangskoder, kreditkortnumre osv.

Rainbow Table Attacks: Et regnbuebord er en forudberegnet tabel til at vende kryptografiske hash-funktioner, normalt til at knække password-hash. Angribere bruger regnbuetabeller til at fremskynde adgangskodeknækningsprocessen.

Genbrugsangreb på legitimationsoplysninger: Mange brugere har en tendens til at bruge den samme adgangskode på tværs af flere platforme. Angribere udnytter denne vane ved at prøve det samme sæt brugernavn og adgangskode, der er opnået fra et brud på andre platforme.

Skuldersurfing: Dette er en simpel og ikke-teknisk form for angreb, hvor angriberen direkte observerer brugerens skærm eller tastatur for at få deres adgangskode. Det sker ofte på overfyldte steder og kræver direkte observationsevner.

Phishing via software: Nogle angribere narre brugere til at installere skadelig software, der ser ud til at være legitim. Når den er installeret, kan denne software vise falske login-skærme for at fange brugerens legitimationsoplysninger.

Disse angreb fremhæver vigtigheden af stærke adgangskodepolitikker i en organisation. At opmuntre brugere til at oprette komplekse, unikke adgangskoder og implementere kontolåsepolitikker efter et vist antal mislykkede loginforsøg kan hjælpe med at mindske risikoen for adgangskodeangreb. Derudover kan brug af multi-faktor-godkendelse tilføje et ekstra lag af sikkerhed ved at kræve, at brugerne angiver mere end én form for identifikation.

B.3. Insider-trusler

Insidertrusler udgør en betydelig risiko for en organisations IAM-systemer (Identity and Access Management). Disse trusler stammer fra personer i organisationen, som har autoriseret adgang til følsomme systemer og data. De kan være medarbejdere, entreprenører eller partnere, der misbruger deres adgangsrettigheder, enten bevidst eller utilsigtet, til at forårsage skade på organisationen.

Insidertrusler kan antage forskellige former:

Uautoriseret adgang: Dette sker, når insidere bruger deres legitime adgangsrettigheder til at få adgang til følsomme oplysninger, som de ikke har brug for til deres jobfunktioner. Dette kan være drevet af nysgerrighed, ondsindet hensigt eller endda tvang fra eksterne parter.

Tyveri af fortrolige oplysninger: Insidere kan stjæle fortrolige oplysninger for personlig vinding eller til gavn for en tredjepart. Dette kan indebære kopiering af følsomme data til bærbare lagerenheder eller afsendelse via e-mail eller på anden måde til eksterne parter.

Bevidst sabotage: I nogle tilfælde kan utilfredse medarbejdere bevidst sabotere kritiske systemer, hvilket forårsager forstyrrelser i forretningsdriften og potentielt kan føre til betydelig økonomisk skade og skade på omdømmet.

Utilsigtede handlinger: Ikke alle insidertrusler er ondsindede. Nogle gange kan velmenende medarbejdere ved et uheld forårsage sikkerhedshændelser. For eksempel kan de blive ofre for phishing-angreb, bruge svage adgangskoder eller undlade at følge bedste praksis for sikkerhed.

Afbødning af insidertrusler kræver en kombination af tekniske kontroller og administrative foranstaltninger. Regelmæssige revisioner af adgangsrettigheder kan hjælpe med at sikre, at medarbejderne kun har adgang til de ressourcer, de har brug for til deres jobfunktioner. Sikkerhedsbevidsthedstræning kan hjælpe medarbejderne med at forstå risiciene og følge bedste praksis. Derudover kan implementering af avancerede sikkerhedsløsninger som User Behavior Analytics (UBA) hjælpe med at opdage usædvanlig adfærd, der kan indikere en insidertrussel.

B.4. Man-in-the-Middle-angreb

I forbindelse med Identity and Access Management (IAM) kan MitM-angreb bruges til at stjæle brugerlegitimationsoplysninger eller opsnappe følsomme oplysninger, når de transmitteres mellem systemer.

I et typisk MitM-angreb placerer angriberen sig selv i kommunikationsnetværket, ofte ved at udnytte sårbarheder i netværksinfrastrukturen eller ved at bruge social engineering-teknikker til at narre brugere til at oprette forbindelse til ondsindede netværk. Når angriberen er på plads, kan han overvåge alle data, der overføres mellem de to parter, og fange følsomme oplysninger såsom brugernavne, adgangskoder, kreditkortnumre og andre personlige data.

MitM-angreb kan antage flere former. En almindelig type er et Wi-Fi-aflytningangreb, hvor angriberen opretter et useriøst Wi-Fi-netværk og narre brugere til at oprette forbindelse til det. Når den er tilsluttet, kan alle data, der sendes over netværket, fanges af angriberen.

En anden type MitM-angreb er et DNS-spoofing-angreb. I dette tilfælde manipulerer angriberen DNS-posterne (Domain Name System) for at omdirigere trafik til en ondsindet server under deres kontrol. Brugeren mener, at de kommunikerer med en legitim server, men alle deres data bliver sendt til og fanget af angriberen.

MitM-angreb kan være særligt farlige, fordi de kan være svære at opdage. Kommunikationen virker normal for begge involverede parter, og der er muligvis ingen tydelige tegn på et angreb. Dette gør disse angreb til en væsentlig trussel mod både enkeltpersoner og organisationer.

Forebyggelse af MitM-angreb kræver en kombination af stærk sikkerhedspraksis. Dette inkluderer brug af sikre kommunikationsprotokoller såsom HTTPS og SSL/TLS, regelmæssig opdatering og patchning af systemer for at rette sikkerhedssårbarheder, oplysning af brugere om risikoen ved usikrede netværk og phishing-angreb og implementering af robuste netværkssikkerhedsforanstaltninger såsom firewalls og indtrængendetekteringssystemer.

B.5. Sessionskapring

Sessionskapring, også kendt som sessionssidejacking, cookiekapring eller sessionsnøglekapring er en type sikkerhedsangreb, hvor en angriber opsnapper og tager kontrol over en brugers session. Dette opnås ofte ved at få brugerens sessions-id eller udnytte sårbarheder i godkendelsesprocessen.

Når først angriberen har kontrol over en brugers session, kan de udgive sig som brugeren og udføre handlinger på deres vegne. Dette kan omfatte adgang til følsomme data, ændring af data eller endda udførelse af transaktioner. Sværhedsgraden af påvirkningen afhænger af privilegierne for den kaprede brugerkonto - hvis det er en konto med administrative rettigheder, kan konsekvenserne være katastrofale.

Der er flere metoder, som angribere bruger til at udføre sessionskapring:

Sessionsniffing: I denne metode bruger angribere en pakkesniffer til at opsnappe netværkstrafik mellem brugerens computer og webserveren. Hvis kommunikationen ikke er krypteret, kan angriberen nemt fange sessions-id'et.

Cross-Site Scripting (XSS): Angribere bruger XSS-sårbarheder i webapplikationer til at injicere ondsindede scripts på websider, der ses af brugere. Disse scripts kan derefter stjæle sessionscookies.

Session Replay: I denne metode opsnapper og gemmer angribere netværkstrafikken (indeholder sessionsinformation). De kan derefter afspille denne trafik for at efterligne brugeren.

Man-in-the-Browser-angreb: Dette er en mere avanceret form for sessionskapring, hvor malware, der kører på brugerens computer, opsnapper og ændrer kommunikationen mellem browseren og webserveren, selvom den er krypteret.

Forebyggelse af sessionskapring involverer adskillige foranstaltninger, såsom kryptering af data i transit, regelmæssig regenerering af sessions-id'er, validering af brugeranmodninger og implementering af sikker kodningspraksis for at forhindre XSS-angreb.

B.6. Credential Stuffing

Credential stuffing er en form for cyberangreb, hvor angribere bruger lister over stjålne legitimationsoplysninger, opnået fra tidligere databrud, til at forsøge at få uautoriseret adgang til forskellige onlinekonti. Denne metode er særlig effektiv på grund af den almindelige praksis med genbrug af adgangskoder på tværs af flere platforme.

I forbindelse med Identity and Access Management (IAM) udgør angreb på legitimationsoplysninger en betydelig trussel, da de kan bruges til at kompromittere brugerkonti, få uautoriseret adgang til følsomme data eller eskalere privilegier i en organisation.

Processen med credential stuffing involverer typisk tre faser:

Databrud: Angriberen får en liste over brugernavne og adgangskoder fra et databrud. Disse brud kan involvere millioner af brugerlegitimationsoplysninger og er ofte tilgængelige for køb på det mørke web.

Test: Angriberen bruger automatiserede scripts eller bots til at teste de stjålne legitimationsoplysninger mod flere websteder eller tjenester. Dette gøres ofte i stor skala og kan involvere tusindvis af login-forsøg i minuttet.

Kontoovertagelse: Hvis loginforsøget lykkes, får angriberen adgang til kontoen. De kan derefter udføre ondsindede aktiviteter såsom at stjæle følsomme oplysninger, foretage svigagtige køb eller sprede malware.

For at beskytte mod angreb på legitimationsoplysninger kan organisationer implementere flere sikkerhedsforanstaltninger:

Multi-Factor Authentication (MFA): MFA kræver, at brugere angiver to eller flere verifikationsfaktorer for at få adgang til en ressource såsom en applikation, onlinekonto eller en VPN. Dette gør det sværere for angribere at få adgang til konti, selvom de har det korrekte brugernavn og adgangskode.

Kontolåsning: Efter et vist antal mislykkede loginforsøg, låses kontoen ude, hvilket forhindrer yderligere forsøg. Dette kan bremse eller stoppe automatiske loginforsøg.

Adgangskodekompleksitet og mangfoldighed: At tilskynde brugere til at oprette komplekse og unikke adgangskoder til hver konto kan reducere succesraten for angreb på legitimationsoplysninger.

Overvåg og revider konti regelmæssigt: Regelmæssig overvågning af konti kan hjælpe med at opdage usædvanlig aktivitet, der kan indikere et angreb på legitimationsoplysninger.

B.7 Privilegium Eskalering

Privilegeeskalering er et kritisk aspekt af cybersikkerhed, hvor en bruger opnår adgangsrettigheder ud over dem, der oprindeligt blev tildelt. Det er en væsentlig trussel inden for Identity and Access Management (IAM), da det kan føre til uautoriseret adgang til følsomme data og systemer.

Der er to typer privilegieeskalering: lodret og vandret.

Lodret privilegie-eskalering (også kendt som privilegieforhøjelse) opstår, når en bruger med lavere privilegier får adgang til funktioner eller indhold, der er reserveret til højere privilegerede konti. Denne type eskalering er ofte resultatet af systemsårbarheder eller fejlkonfigurationer. For eksempel kan et program utilsigtet tillade en standardbruger at udføre administrative kommandoer, eller en systemadministrator kan ved en fejl tildele overdrevne tilladelser til en brugerkonto.

Horisontal privilegie-eskalering sker, når en bruger får adgang til ressourcer, der er tildelt en peer-bruger. Denne type eskalering involverer typisk brugere med lignende privilegieniveauer. En medarbejder kan f.eks. få adgang til en anden medarbejders personlige data eller e-mail-konto.

For at mindske risikoen for eskalering af privilegier bør organisationer vedtage princippet om mindste privilegium (PoLP). Dette princip indebærer at give brugerne de minimumsniveauer af adgang, der er nødvendige for at udføre deres opgaver. Regelmæssige revisioner af brugerrettigheder kan også hjælpe med at identificere og korrigere tilfælde af overdrevne adgangsrettigheder.

Organisationer bør også investere i robuste IAM-løsninger, der inkluderer funktioner som multi-faktor autentificering, der kan forhindre uautoriserede brugere i at eskalere privilegier, selvom de har fået en brugers legitimationsoplysninger.

Kontinuerlig overvågning og øjeblikkelig reaktion på mistænkelige aktiviteter kan hjælpe med at opdage og forhindre privilegie-eskaleringsangreb. Security Information and Event

Management (SIEM)-systemer kan være særligt effektive i denne henseende, da de samler logdata fra forskellige kilder og bruger avanceret analyse til at identificere potentielle sikkerhedshændelser.

C. Metoder til kontrol af adgang til ressourcer og følsomme data

Som vi har lært i det foregående kapitel, er IAM en kritisk komponent i internetsikkerhed. I dette kapitel vil vi diskutere de metoder, som organisationer bruger til at kontrollere adgangen til ressourcer og følsomme data.

Lad os starte med det grundlæggende. Kontrol af adgang til ressourcer og følsomme data involverer opsætning af politikker og procedurer, der dikterer, hvem der kan få adgang til hvad og hvornår. Dette kan involvere oprettelse af brugerkonti og opsætning af tilladelser, samt implementering af tekniske kontroller såsom firewalls, indtrængningsdetektionssystemer og kryptering. Målet er at sikre, at kun autoriserede brugere kan få adgang til følsomme data og ressourcer, og at adgang kun gives, når det er nødvendigt og til legitime formål.

C.1. Adgangskode

En af de mest almindelige metoder til at kontrollere adgangen til ressourcer og følsomme data er gennem brug af adgangskoder. Adgangskoder er en enkel og effektiv måde at kontrollere adgangen på, så længe de administreres korrekt. Det betyder brug af stærke adgangskoder, kræver, at brugerne ændrer dem ofte og opbevarer dem sikkert.

C.2. MUlti-Factor Authentication (MFA).

MFA tilføjer et ekstra lag af sikkerhed ved at kræve, at brugerne angiver to eller flere former for identifikation for at få adgang til ressourcer og følsomme data. Dette kunne involvere en adgangskode kombineret med et sikkerhedstoken, et smart card eller en biometrisk identifikator, såsom et fingeraftryk eller ansigtsgenkendelse. MFA hjælper med at forhindre uautoriseret adgang ved at gøre det meget sværere for hackere at efterligne autoriserede brugere.

C.3. Role-baseret adgangskontrol (RBAC)

En anden metode til at kontrollere adgangen til ressourcer og følsomme data er gennem brugen af rollebaseret adgangskontrol. RBAC involverer at oprette roller for forskellige grupper af brugere og derefter tildele specifikke tilladelser til hver rolle. For eksempel kan en rolle for administratorer have fuld adgang til følsomme data, mens en rolle for slutbrugere måske kun har skrivebeskyttet adgang. Dette er med til at sikre, at adgangen er korrekt kontrolleret, og at følsomme data er beskyttet.

Det er vigtigt regelmæssigt at overvåge og revidere adgangen til ressourcer og følsomme data. Dette kan indebære at gennemgå logfiler, køre rapporter og udføre penetrationstest for at identificere potentielle sårbarheder. Dette hjælper organisationer med at holde styr på ændringer i deres sikkerhedsmiljø og hurtigt håndtere eventuelle potentielle trusler.

IX. KRYPTOGRAFI

A. **Oversigt**

At dykke dybt i kryptografi er aldrig nok til at forstå fuldstændigt, da det faktisk er et bundløst hav. Dens dybder er fyldt med komplekse algoritmer og protokoller, der danner grundlaget for sikker kommunikation. Når man dykker dybt ned i dette hav, kan man afsløre lag af indviklede mekanismer designet til at beskytte data mod uautoriseret adgang og manipulation.

Betydningen af kryptografi i cybersikkerhed kan ikke overvurderes. Det tjener som den første forsvarslinje til at sikre følsom information og sikrer, at data forbliver fortrolige og integrerede, mens de er under transport eller i hvile. Kryptografi giver de nødvendige værktøjer til at autentificere brugere, verificere integriteten af data og sikre ikke-afvisning, hvilket gør det til en uundværlig del af enhver robust cybersikkerhedsstrategi.

Kryptografi omfatter en bred vifte af teknikker, hver med sine egne styrker og svagheder. Symmetrisk kryptering er for eksempel hurtig og effektiv, men kræver sikker nøgleudveksling. Asymmetrisk kryptering løser nøgleudvekslingsproblemet, men er beregningsmæssigt dyrt. Hash-funktioner giver dataintegritet, men er ikke egnede til kryptering. At forstå disse nuancer er afgørende for implementering af effektive kryptografiske løsninger.

Desuden er kryptografi et dynamisk felt, der udvikler sig som reaktion på nye trusler og teknologiske fremskridt. Nye kryptografiske algoritmer udvikles løbende for at imødegå nye trusler, mens ældre bliver forældede. At holde sig ajour med disse ændringer er afgørende for at opretholde effektive cybersikkerhedsforsvar.

På trods af dens kompleksitet og konstant skiftende karakter er kryptografi ikke en uovertruffen udfordring. Med en solid forståelse af dets grundlæggende principper og en vilje til løbende at lære og tilpasse sig, kan man navigere i dette bundløse hav effektivt.

A.1. Grundlæggende om kryptografi

Kryptografi, kunsten at skrive eller løse koder, er en grundlæggende søjle i cybersikkerhed. Det er et komplekst felt med en rig historie og en bred vifte af teknikker, men forståelsen af det grundlæggende kan give et solidt grundlag for yderligere udforskning. Her er nogle nøglebegreber:

Kryptering og dekryptering: Kryptering er processen med at konvertere almindelig tekst til chiffertekst, en form, der er ulæselig uden dekrypteringsnøglen. Dekryptering er den omvendte proces, der konverterer chiffertekst tilbage til almindelig tekst.

Symmetrisk og asymmetrisk kryptering: Symmetrisk kryptering bruger den samme nøgle til kryptering og dekryptering. Det er hurtigt og effektivt, men nøgleudveksling kan være en udfordring. Asymmetrisk kryptering bruger forskellige nøgler til kryptering og dekryptering (offentlige og private nøgler). Det er mere sikkert, men også mere beregningsintensivt.

Hash-funktioner: En hash-funktion tager et input og returnerer en streng af bytes med fast størrelse. Outputtet (hash) er unikt for hvert unikt input. Det bruges til at verificere dataintegritet.

Digitale signaturer: En digital signatur er en kryptografisk teknik, der bruges til at verificere ægtheden og integriteten af en meddelelse eller et dokument. Det giver bevis for, at beskeden kom fra den angivne afsender (godkendelse), og at den ikke er blevet manipuleret (integritet).

Nøgleudvekslingsprotokoller: Nøgleudvekslingsprotokoller som Diffie-Hellman eller RSA tillader to parter at etablere en delt hemmelig nøgle over en usikker kanal. Denne nøgle kan derefter bruges til symmetrisk kryptering.

Public Key Infrastructure (PKI): PKI er et sæt roller, politikker, hardware, software og procedurer, der er nødvendige for at skabe, administrere, distribuere, bruge, gemme og tilbagekalde digitale certifikater og administrere kryptering med offentlig nøgle.

Kryptografi kan opdeles i to brede kategorier: symmetrisk kryptografi og asymmetrisk kryptografi. Hver har sine unikke styrker og anvendelser til at sikre digital information.

Symmetrisk kryptografi

Symmetrisk kryptografi, også kendt som hemmelig nøglekryptering, involverer brugen af en enkelt nøgle til både kryptering (konvertering af læsbare data til et ulæseligt format) og dekryptering (konvertering af de ulæselige data tilbage til dets oprindelige format). Den samme nøgle deles mellem afsender og modtager. Denne metode er hurtig og effektiv, hvilket gør den ideel til at kryptere store mængder data. Udfordringen ligger dog i at udveksle nøglen sikkert mellem parterne, uden at den bliver opsnappet.

Eksempler på symmetriske kryptografialgoritmer omfatter Advanced Encryption Standard (AES), Data Encryption Standard (DES) og Triple DES (3DES).

Asymmetrisk kryptografi

Asymmetrisk kryptografi, også kendt som offentlig nøglekryptering, bruger to forskellige nøgler: en offentlig nøgle til kryptering og en privat nøgle til dekryptering. Den offentlige nøgle distribueres frit, mens den private nøgle holdes hemmelig af ejeren. Dette eliminerer problemet med sikker nøgleudveksling, der er til stede i symmetrisk kryptografi. Asymmetrisk kryptografi kræver dog flere beregningsressourcer, hvilket gør den langsommere end symmetrisk kryptografi.

Eksempler på asymmetriske kryptografialgoritmer omfatter RSA (Rivest-Shamir-Adleman), Diffie-Hellman og Elliptic Curve Cryptography (ECC).

Både symmetrisk og asymmetrisk kryptografi spiller en afgørende rolle i sikringen af digital information.

A.2.   Kryptografiske algoritmer

Som vi undersøgte før, er kryptografiske algoritmer matematiske formler og processer, der bruges til at kode og afkode information. Nogle af de mest brugte kryptografiske algoritmer inkluderer Advanced Encryption Standard (AES), Rivest-Shamir-Adleman (RSA), Digital Signature Algorithm (DSA) og Elliptic Curve Cryptography (ECC).

Hver kryptografisk algoritme har sine egne styrker og svagheder, og det er vigtigt at vælge den rigtige algoritme til den specifikke opgave. For eksempel er AES hurtig og sikker, hvilket gør den velegnet til at kryptere store mængder data, mens RSA er langsom, men mere sikker, hvilket gør den velegnet til digitale signaturer.

A.3.   Kryptografiske protokoller

Kryptografiske protokoller er sæt regler og procedurer, der bruges til sikker kommunikation og udveksling af information. De sikrer, at oplysningerne er sikkert krypteret og transmitteret, selv i nærværelse af angribere, der forsøger at opsnappe eller ændre oplysningerne. De bekræfter også, at oplysningerne er fra den tilsigtede kilde og ikke er blevet manipuleret under transmissionen.

Der er flere kryptografiske protokoller, der er meget udbredt i cybersikkerhed:

Secure Sockets Layer (SSL) og Transport Layer Security (TLS): . De bruges almindeligvis til at sikre webkommunikation og beskytte følsomme data, såsom kreditkortnumre, adgangskoder og personlige oplysninger. SSL/TLS giver fortrolighed, dataintegritet og ægthed, hvilket gør dem afgørende for sikker kommunikation over internettet.

Internet Protocol Security (IPSec): Denne protokolpakke sikrer Internet Protocol (IP) kommunikation ved at autentificere og kryptere hver IP-pakke i en datastrøm.

Secure Shell (SSH): Denne kryptografiske netværksprotokol muliggør sikker fjernlogin fra én computer til en anden over et usikkert netværk.

Pretty Good Privacy (PGP): Dette program giver kryptografisk privatliv og godkendelse til datakommunikation, ofte brugt til at signere, kryptere og dekryptere tekster, e-mails, filer, mapper og hele diskpartitioner.

Hyper Text Transfer Protocol Secure (HTTPS): Dette er en udvidelse af HTTP, der bruges til sikker kommunikation over et computernetværk, der er meget brugt på internettet.

Kerberos: Opkaldt efter den trehovedede hund fra græsk mytologi, Kerberos er en netværksgodkendelsesprotokol designet til at give stærk godkendelse til klient/server-applikationer. Det fungerer på basis af 'billetter', som tjener som et middel til at verificere kundernes identiteter til forskellige tjenester.

Secure/Multipurpose Internet Mail Extensions (S/MIME): S/MIME er en bredt accepteret protokol til afsendelse af digitalt signeret og/eller krypteret post. Det sikrer e-mail-beskedernes fortrolighed og integritet.

Secure File Transfer Protocol (SFTP): SFTP er en netværksprotokol, der giver filadgang, filoverførsel og filhåndteringsfunktioner over enhver pålidelig datastrøm. Det sikrer, at dataene overføres sikkert ved hjælp af en privat og sikker datastrøm.

RADIUS (Remote Authentication Dial-In User Service): RADIUS er en netværksprotokol, der giver centraliseret styring af godkendelse, autorisation og regnskab (AAA) for brugere, der forbinder og bruger en netværkstjeneste.

Lightweight Directory Access Protocol (LDAP): LDAP er en åben, leverandørneutral, industristandard applikationsprotokol til at få adgang til og vedligeholde distribuerede adressebogsinformationstjenester over et IP-netværk (Internet Protocol).

OpenVPN: OpenVPN er en open source-softwareapplikation, der implementerer virtuelle private netværksteknikker (VPN) til at skabe sikre punkt-til-punkt- eller site-to-site-forbindelser i routede eller brokoblede konfigurationer og fjernadgangsfaciliteter. Kerberos: Opkaldt efter den trehovedede hund fra græsk mytologi, Kerberos er en netværksgodkendelsesprotokol designet til at give stærk godkendelse til klient/server-applikationer. Det fungerer på basis af 'billetter', som tjener som et middel til at verificere kundernes identiteter til forskellige tjenester.

WireGuard: WireGuard er en gratis og open source softwareapplikation og kommunikationsprotokol, der implementerer virtuelle private netværk (VPN) teknikker til at skabe sikre punkt-til-punkt-forbindelser i rutede eller brokoblede konfigurationer.

Zigbee Security Layers: Zigbee er en specifikation for en række kommunikationsprotokoller på højt niveau, der bruges til at skabe personlige områdenetværk bygget af små digitale radioer med lav effekt. Zigbee bruger 128-bit symmetriske krypteringsnøgler til sine sikkerhedslag.

Extensible Authentication Protocol (EAP): EAP er en autentificeringsramme, der ofte bruges i trådløse netværk og punkt-til-punkt-forbindelser. Det giver en fælles ramme for forskellige metoder til autentificering.

Message Queuing Telemetry Transport (MQTT): MQTT er en letvægts meddelelsesprotokol til små sensorer og mobile enheder, optimeret til høj-latency eller upålidelige netværk. Det sikrer sikker transmission af meddelelser gennem TLS/SSL-protokoller.

Real-time Transport Protocol (RTP): RTP er en netværksprotokol til levering af lyd og video over IP-netværk. Secure Real-time Transport Protocol (SRTP) er en RTP-profil beregnet til at give kryptering, meddelelsesgodkendelse og integritet og genafspilningsangrebsbeskyttelse til RTP-data.

Tidsbaseret engangsadgangskode (TOTP): TOTP er en algoritme, der beregner en engangsadgangskode fra en fælles hemmelig nøgle og det aktuelle klokkeslæt. Det er blevet vedtaget som Internet Engineering Task Force (IETF) standard og er meget udbredt til to-faktor autentificering.

B. **Metoder til brug af kryptografi til at sikre kommunikation og beskytte data**

Kryptografi er en kritisk komponent i moderne sikkerhedssystemer, da det giver en måde at beskytte følsomme oplysninger på, når de rejser gennem netværk, lagres på enheder og transmitteres mellem systemer. Men med det store udvalg af tilgængelige kryptografiske algoritmer og protokoller, hvordan afgør du, hvilken der er bedst egnet til dine behov?

I dette kapitel vil vi undersøge de forskellige metoder til brug af kryptografi til at sikre kommunikation og beskytte data. Vi vil se på kryptering, hashing, digitale signaturer og certifikatmyndigheder. Vi vil også undersøge fordelene og begrænsningerne ved hver metode, så du kan træffe en informeret beslutning om, hvilken der er den rigtige for din organisation.

B.1. Kryptering

Kryptering er en proces, der bruger en matematisk algoritme til at konvertere almindelig tekstdata til chiffertekst eller ulæselig kode. Kryptering bruges til at beskytte følsomme data mod uautoriseret adgang eller tyveri. Det kan bruges til at sikre data under transport, såsom når du sender en e-mail eller til at sikre data i hvile, såsom når du gemmer data på en enhed eller i skyen.

Der er to hovedtyper af kryptering: symmetrisk og asymmetrisk. Symmetrisk kryptering bruger den samme nøgle til både kryptering og dekryptering. Det betyder, at både afsender og modtager skal have adgang til den samme nøgle for at kunne kommunikere sikkert. Asymmetrisk kryptering, også kendt som offentlig nøglekryptering, bruger to forskellige nøgler: en offentlig nøgle og en privat nøgle. Den offentlige nøgle bruges til at kryptere dataene, mens den private nøgle bruges til at dekryptere dem. Dette giver mulighed for sikker kommunikation mellem to parter, som ikke behøver at dele en nøgle.

B.2. Hashing

Hashing er en envejsproces, der konverterer data til en streng af tegn med fast længde. Det bruges almindeligvis til at sikre adgangskoder samt til at verificere integriteten af data. Hashing er en hurtig og effektiv måde at sammenligne to stykker data på, da hashværdierne for to identiske stykker data altid vil være de samme.

B.3. Digitale signaturer

Digitale signaturer er en måde at verificere ægtheden og integriteten af data. De fungerer ved at bruge en kombination af kryptering og hashing til at skabe en unik signatur, der er knyttet til en besked. Modtageren af meddelelsen kan derefter bruge afsenderens offentlige nøgle til at bekræfte signaturen og sikre, at dataene ikke er blevet ændret under transporten.

B.4. Certifikatmyndigheder

Certificate Authorities (CA) er organisationer, der udsteder digitale certifikater, som bruges til at bekræfte identiteten af et websted eller en enhed. Digitale certifikater indeholder oplysninger om webstedet eller enheden, såsom dets domænenavn, IP-adresse og den offentlige nøgle, der bruges til kryptering. Når du besøger et websted med et digitalt certifikat, kan din browser bekræfte webstedets identitet og sikre, at de data, der overføres mellem dig og webstedet, er sikre.

Kryptografi giver en række forskellige metoder til sikring af kommunikation og beskyttelse af data. Uanset om du vælger kryptering, hashing, digitale signaturer eller certifikatmyndigheder, er det vigtigt at forstå styrkerne og begrænsningerne ved hver metode og at vælge den, der passer bedst til din organisations behov. Ved at bruge kryptografi i kombination med andre sikkerhedsforanstaltninger såsom firewalls, antivirussoftware og indtrængendetekteringssystemer, kan du skabe et omfattende sikkerhedssystem, der beskytter dine følsomme data mod uautoriseret adgang og tyveri.

C. Casestudier og eksempler på kryptografi i aktion

Kryptografi er et fascinerende felt, der har været brugt i århundreder til at sikre kommunikation og beskytte følsomme oplysninger. I dag spiller kryptografi en kritisk rolle i at beskytte data og opretholde privatlivets fred i mange forskellige scenarier, herunder onlinetransaktioner, cloud-lagring og trådløs kommunikation. I dette kapitel vil vi se på nogle eksempler fra den virkelige verden på kryptografi i aktion og se, hvordan det bliver brugt til at beskytte information og sikker kommunikation.

C.1. SSL/TLS-kryptering til onlinetransaktioner

Den mest almindelige brug af kryptografi er i online transaktioner. Når du besøger et websted og ser hængelåsikonet og "https" i URL'en, betyder det, at webstedet bruger SSL/TLS-kryptering til at sikre din kommunikation. Denne kryptering bruges til at beskytte følsomme oplysninger, såsom adgangskoder og kreditkortnumre, mod at blive opsnappet af angribere. På denne måde er kryptografi afgørende for at opretholde sikkerheden ved onlinetransaktioner og sikre, at følsomme oplysninger opbevares sikkert.

C.2. Krypteret Cloud Storage

Cloud storage bliver mere og mere populært, efterhånden som flere og flere mennesker gemmer deres data i skyen. For at beskytte disse data bruges kryptering til at kryptere filer og data, der er gemt på skyservere. På denne måde, selvom en angriber får adgang til cloud-serverne, vil de ikke kunne få adgang til de krypterede data.

C.3. Trådløs kommunikationssikkerhed

Trådløs kommunikation, såsom Wi-Fi og Bluetooth, bruges i stigende grad til at forbinde enheder og overføre data. For at beskytte disse data bruges kryptering til at sikre trådløs kommunikation og forhindre angribere i at opsnappe følsomme oplysninger. For eksempel bruger WPA2-protokollen AES-kryptering til at beskytte Wi-Fi-netværk mod uautoriseret adgang.

C.4. Kryptografiske signaturer til digitale signaturer

Kryptografiske signaturer bruges til at verificere ægtheden af digitale dokumenter og elektroniske transaktioner. Dette opnås ved at bruge en offentlig nøgleinfrastruktur (PKI), som giver brugerne mulighed for at verificere ægtheden af en signatur og sikre, at dataene ikke er blevet manipuleret. For eksempel kan en digital signatur bruges til at underskrive en elektronisk kontrakt eller aftale, hvilket gør den juridisk bindende.

C.5. Krypteret e-mail

E-mail er en af de mest udbredte kommunikationsformer og bruges ofte til at sende følsomme oplysninger. For at beskytte disse oplysninger kan kryptering bruges til at kryptere e-mail-meddelelser, hvilket gør det meget sværere for angribere at opsnappe oplysningerne og læse meddelelsen. For eksempel bruger den populære e-mail-tjenesteudbyder ProtonMail end-to-end-kryptering for at beskytte sine brugeres privatliv.

Dette er blot nogle få eksempler på de mange måder, hvorpå kryptografi bruges til at beskytte data og sikre kommunikation. Ved at forstå disse eksempler fra den virkelige verden kan du se, hvordan kryptografi er afgørende for at opretholde sikkerheden og privatlivets fred for følsomme oplysninger i nutidens digitale verden.

X. HÆNDELSESREAKTION OG LEDELSE

A. Oversigt

En hændelse er enhver hændelse, der forstyrrer en organisations normale drift, truer dens sikkerhed eller kompromitterer dens data. Hændelsesreaktion er processen med at identificere, indeholde, analysere og løse hændelser på en rettidig og effektiv måde. Hændelseshåndtering er det sæt af aktiviteter, der koordinerer og overvåger hændelsesresponsprocessen, såsom planlægning, kommunikation, dokumentation og forbedring.

Hovedformålene med hændelsesreaktion og -styring er at minimere hændelsernes indvirkning på organisationen, genoprette normal drift så hurtigt som muligt, forhindre eller reducere sandsynligheden for gentagelse og lære af erfaringerne for at forbedre sikkerhedspositionen og beredskabet.

De følgende sektioner vil dække hovedemnerne relateret til hændelsesreaktion og styring inden for cybersikkerhed:

Hændelsesresponslivscyklus: Dette afsnit vil beskrive de fire faser af hændelsesresponsens livscyklus: forberedelse, detektion og analyse, indeslutning og udryddelse og genopretning og aktivitet efter hændelsen. Den vil også diskutere bedste praksis, værktøjer og teknikker for hver fase, såsom hændelsesreaktionspolitikker og -procedurer, trusselsefterretningskilder, digitale efterforskningsmetoder, malwareanalyseværktøjer, hændelsesrapporteringsformater og rapporter om erfaringer.

Incident Management Frameworks: Dette afsnit vil sammenligne og kontrastere de forskellige rammer og standarder for hændelseshåndtering, såsom NIST SP 800-61, ISO/IEC 27035, ITIL og COBIT. Det vil også forklare, hvordan hændelseshåndteringsprocessen kan tilpasses organisationens mål, styring, risikostyring, compliance og forretningskontinuitetskrav.

Incident Response Team: Denne sektion vil definere roller og ansvar for hændelsesresponsteamets medlemmer, såsom hændelsesleder, hændelseskoordinator, hændelsesbehandler, teknisk specialist, juridisk rådgiver, PR-medarbejder og seniorledelse. Det vil også diskutere, hvordan man rekrutterer, træner, udstyrer og evaluerer hændelsens reaktionsteammedlemmer, samt hvordan man håndterer deres arbejdsbyrde, stress og moral under en hændelse.

Hændelsesreaktionsudfordringer: Dette afsnit vil identificere de almindelige udfordringer og faldgruber, der kan opstå under hændelsesrespons og håndtering, såsom mangel på ressourcer, færdigheder eller autoritet; modstridende prioriteter eller interesser; kommunikationsnedbrud; juridiske eller regulatoriske spørgsmål; eller insidertrusler. Den vil også foreslå nogle strategier og løsninger til at overvinde disse udfordringer og forbedre hændelsesresponsen og ledelsesprocessen.

B. Trin i Incident Response-processen

Incident response-processen er en systematisk og struktureret tilgang til at håndtere og løse sikkerhedshændelser i en organisation. Den består af flere trin, der har til formål at identificere, inddæmme, analysere og udrydde hændelsen, samt at komme sig over dens påvirkning og forhindre dens gentagelse. De følgende sektioner vil dække de vigtigste trin i hændelsesprocessen og deres undertrin:

B.1. Forberedelse

Forberedelsestrinnet omfatter følgende undertrin:

Udvikling og opdatering af hændelsesreaktionspolitikker og -procedurer: Organisationen bør have et klart og omfattende sæt af politikker og procedurer, der definerer omfanget, målene, rollerne, ansvarsområderne og aktiviteterne for hændelsesresponsprocessen. Disse politikker og procedurer bør være i overensstemmelse med organisationens mål, styring, risikostyring, overholdelse og forretningskontinuitetskrav. De bør også gennemgås og opdateres regelmæssigt for at afspejle ændringerne i organisationens it-miljø, trusselslandskab og bedste praksis.

Definition af roller og ansvar: Organisationen bør etablere et dedikeret hændelsesberedskabsteam, der består af kvalificerede og erfarne medlemmer, som kan udføre forskellige opgaver under en hændelse, såsom hændelsesansvarlig, hændelseskoordinator, hændelsesbehandler, teknisk specialist, juridisk rådgiver, PR-medarbejder og øverste ledelse. Hvert teammedlems roller og ansvar bør være klart defineret og kommunikeret, såvel som deres autoritet, ansvarlighed og eskaleringsprocedurer.

Etablering af kommunikationskanaler: Organisationen bør have effektive og sikre kommunikationskanaler, der kan lette informationsdelingen og koordineringen mellem hændelsesteamets medlemmer, såvel som andre interessenter, såsom interne afdelinger, eksterne partnere, leverandører, kunder, retshåndhævende myndigheder, medier og regulatorer. Kommunikationskanalerne bør omfatte både formelle og uformelle metoder, såsom telefonopkald, e-mails, instant messages, møder, rapporter, advarsler, notifikationer og bulletiner.

Anskaffelse og vedligeholdelse af værktøjer og ressourcer: Organisationen bør have tilstrækkelige og passende værktøjer og ressourcer, der kan understøtte hændelsesresponsprocessen, såsom hardware, software, netværksenheder, lagerenheder, backupsystemer, retsmedicinske værktøjer, malwareanalyseværktøjer, trusselsefterretningskilder, krypteringsværktøjer, autentificeringsværktøjer, adgangskontrolværktøjer og hændelsesresponssæt. Værktøjerne og ressourcerne bør testes og verificeres regelmæssigt for at sikre deres funktionalitet og kompatibilitet.

Udførelse af trænings- og oplysningsprogrammer: Organisationen bør gennemføre regelmæssige trænings- og oplysningsprogrammer for hændelsesteamets medlemmer og andre medarbejdere for at forbedre deres viden, færdigheder og evner til at håndtere sikkerhedshændelser. Trænings- og bevidstgørelsesprogrammerne bør dække emner som politikker og procedurer for reaktion på hændelser, roller og ansvar, kommunikationskanaler, værktøjer og ressourcer, trusselsscenarier, bedste praksis, erfaringer, sikkerhedsbevidsthed, sikkerhedshygiejne, sikkerhedskultur og sikkerhedsadfærd.

B.2. Detektion og analyse

Det involverer at identificere tidlige tegn på en sikkerhedshændelse, analysere disse tegn for at skelne faktiske trusler fra falske alarmer og dokumentere hændelsen med alle relevante fakta og reaktionsprocedurer.

Loganalyse: Undersøgelse af systemlogfiler, netværkstrafiklogfiler og andre relevante logfiler for at identificere mistænkelige aktiviteter eller uregelmæssigheder.

Intrusion Detection Systems (IDS): Implementering af IDS-værktøjer til at overvåge netværkstrafik og identificere potentielle sikkerhedsbrud.

Malware-analyse: Analyse af malware-prøver for at forstå deres adfærd, identificere deres oprindelse og udvikle modforanstaltninger.

Threat Intelligence: Udnyttelse af trusselsintelligens-feeds og -platforme for at holde dig opdateret om de seneste trusler og sårbarheder.

Digital Forensics: Indsamling og analyse af digitale beviser for at rekonstruere begivenheder, der førte til en hændelse.

B.3. Indeslutning og udryddelse

Det er en kritisk fase i hændelsesprocessen. Den fokuserer på at begrænse virkningen af en sikkerhedshændelse og fjerne eventuelle trusler fra de berørte systemer. Det kræver flere trin at inddæmme og udrydde hændelsen.

Karantæne: Isoler de berørte systemer eller netværk for at forhindre yderligere spredning af hændelsen. Dette kan involvere at afbryde kompromitterede enheder fra netværket eller oprette netværkssegmentering for at begrænse hændelsen.

Undersøgelse: Udfør en grundig undersøgelse for at identificere årsagen, omfanget og virkningen af hændelsen. Dette inkluderer analyse af logfiler, undersøgelse af systemkonfigurationer og gennemgang af tilgængelig dokumentation.

Fjernelse af malware: Fjern eventuel skadelig software eller kode, der blev introduceret under hændelsen. Dette kan involvere brug af antivirusværktøjer, manuelle fjernelsesteknikker eller gendannelse af berørte systemer fra rene sikkerhedskopier.

Patch-sårbarheder: Identificer og adresser eventuelle sårbarheder eller svagheder, der blev udnyttet under hændelsen.

Anvend nødvendige patches, opdateringer eller konfigurationsændringer for at forhindre lignende hændelser i fremtiden.

Systemhærdning: Styrk sikkerhedspositionen for de berørte systemer ved at implementere yderligere sikkerhedskontroller, såsom adgangsbegrænsninger, indtrængendetekteringssystemer eller forbedret overvågning.

B.4. Genopretning og aktivitet efter hændelsen

Den fokuserer på at genoprette normal drift, lære af hændelsen og forbedre fremtidige hændelsesresponskapaciteter.
Systemgendannelse: Gendan berørte systemer til deres tilstand før hændelsen ved at geninstallere software, anvende programrettelser eller gendanne fra rene sikkerhedskopier.

Datagendannelse: Gendan eventuelle tabte eller beskadigede data forårsaget af hændelsen. Dette kan involvere brug af datasikkerhedskopieringsløsninger eller specialiserede gendannelsesværktøjer.

Sikkerhedsvurdering: Udfør en omfattende sikkerhedsvurdering for at identificere sårbarheder, der blev afsløret under hændelsen. Dette omfatter gennemgang af systemkonfigurationer, adgangskontrol og sikkerhedspolitikker.

Erfaringer: Analyser hændelsen for at identificere områder til forbedring af hændelsesprocedurer, sikkerhedskontrol eller medarbejderuddannelse. Dokumenter disse erfaringer for at forbedre fremtidige hændelsesresponskapaciteter.

Kommunikation og rapportering: Informer interessenter om hændelsen, dens indvirkning og de skridt, der er taget for genopretning. Dette omfatter intern kommunikation med medarbejdere, ledelse og ekstern kommunikation med kunder, partnere eller tilsynsorganer.

Analyse efter hændelse: Udfør en grundig analyse af hændelsesresponsprocessen for at evaluere dens effektivitet. Identificer eventuelle huller eller mangler og foreslå afhjælpende handlinger for at forbedre fremtidige hændelsesberedskabskapaciteter.

Det er vigtigt at dokumentere alle aktiviteter, der udføres under trinene. Denne dokumentation hjælper organisationer med at opretholde en nøjagtig registrering af hændelsen og spore fremskridt.

C. Metoder til planlægning og forberedelse af sikkerhedshændelser

Hændelsesrespons og håndtering er et afgørende aspekt af opretholdelsen af sikkerheden og fortroligheden af følsomme oplysninger og systemer. Forberedelse til sikkerhedshændelser involverer oprettelse af en omfattende hændelsesresponsplan og udførelse af regelmæssige øvelser for at sikre, at planen er effektiv. I dette kapitel vil vi undersøge forskellige metoder til planlægning og forberedelse af sikkerhedshændelser.

C.1. Udvikling af en omfattende hændelsesplan

En omfattende indsatsplan for hændelser er en væsentlig del af forberedelsen af sikkerhedshændelser. Den skitserer de skridt, der skal tages i tilfælde af et sikkerhedsbrud og hjælper med at sikre, at responsen er organiseret og effektiv. Planen bør gennemgås og opdateres regelmæssigt for at afspejle ændringer i sikkerhedsmiljøet og sikre, at den forbliver relevant.

Nøglekomponenter i en hændelsesresponsplan omfatter:

- Identifikation af potentielle sikkerhedshændelser og de triggere, der starter hændelsesresponsprocessen.
- Tildeling af roller og ansvar til forskellige teammedlemmer for at sikre, at alle ved, hvad de skal gøre i tilfælde af en hændelse.
- En klar og kortfattet proces til rapportering og reaktion på hændelser, herunder kommunikationsprotokoller og eskaleringsprocedurer.
- Oplysninger om de værktøjer og ressourcer, der er nødvendige for at reagere på hændelser, såsom retsmedicinske værktøjer og systemer til sikkerhedskopiering af data.
- Retningslinjer for analyse, dokumentation og rapportering efter hændelsen.

C.2. Udførelse af regelmæssige øvelser og tests

Disse øvelser giver mulighed for at teste effektiviteten af planen, identificere områder til forbedring og sikre, at alle teammedlemmer er fortrolige med deres roller og ansvar under en hændelse. Her er nogle detaljerede trin til at overveje:

Etabler en tidsplan: Bestem, hvor ofte øvelser skal udføres. Dette kan variere fra månedligt til årligt, afhængigt af arten af din organisation og følsomheden af de data, du håndterer. Regelmæssighed er nøglen til at sikre, at dit team altid er forberedt.

Definer scenarier: Opret realistiske scenarier baseret på potentielle trusler, din organisation kan stå over for. Disse kan omfatte phishing-angreb, ransomware, databrud eller insidertrusler. Hvert scenarie bør være unikt for at give et omfattende testmiljø.

Involver alle relevante parter: Sørg for, at alle, der har en rolle i hændelsesplanen, deltager i øvelsen. Dette omfatter it-personale, ledelse og endda ikke-teknisk personale, som kan være involveret i svaret.

Udfør boringen: Udfør boringen i henhold til det definerede scenarie. Tilskynd teammedlemmer til at handle, som de ville i en virkelig hændelse. Dette kan involvere at isolere systemer, analysere logfiler eller kommunikere med interessenter.

Overvåg og optag handlinger: Få en observatør til at overvåge øvelsen for at registrere handlinger og svar. Denne person bør notere, hvad der gik godt og hvad der ikke gjorde, og om teammedlemmer fulgte hændelsens reaktionsplan nøjagtigt.

Gennemgå og forbedre: Efter øvelsen skal du holde en debriefing-session, hvor du gennemgår observatørens notater og diskuterer forbedringer, der kan foretages til planen. Opdater din hændelsesplan i overensstemmelse hermed.

C.3. Implementering af adgangskontrolforanstaltninger

Disse foranstaltninger er med til at forhindre uautoriseret adgang til følsomme data og systemer og reducerer derved risikoen for sikkerhedshændelser.

Identificer ressourcer: Start med at identificere de ressourcer, der har brug for beskyttelse. Dette kan omfatte databaser, servere, applikationer og endda fysiske aktiver som bærbare computere og mobile enheder.

Definer brugerroller: Opret brugerroller baseret på jobfunktioner. Hver rolle bør have det minimumsniveau af adgang, der kræves for at udføre de tilknyttede opgaver. Dette princip, kendt som Principle of Least Privilege (PoLP), hjælper med at begrænse den potentielle skade fra et sikkerhedsbrud.

Implementer godkendelsesmekanismer: Brug stærke autentificeringsmekanismer til at verificere brugernes identitet, før du giver adgang. Dette kan omfatte adgangskoder, biometriske data eller multi-faktor autentificering.

Implementer adgangskontrolsystemer: Implementer et adgangskontrolsystem, der håndhæver dine politikker. Dette kunne være et simpelt system som adgangskontrollister (ACL'er) eller et mere komplekst system som rollebaseret adgangskontrol (RBAC) eller attributbaseret adgangskontrol (ABAC).

Gennemgå og opdater adgangskontroller regelmæssigt: Gennemgå regelmæssigt dine adgangskontroller for at sikre, at de stadig er passende for hver brugerrolle. Opdater disse kontroller efter behov, især når medarbejdere skifter rolle eller forlader organisationen.

Revision og overvåg adgang: Revidér og overvåg regelmæssigt adgangen til dine ressourcer. Se efter enhver usædvanlig eller mistænkelig aktivitet, der kan indikere en sikkerhedshændelse.

C.4. Gennemgang og opdatering af sikkerhedspolitikker og -procedurer

Det er et vigtigt aspekt af at forberede sig på sikkerhedshændelser. Dette er med til at sikre, at politikkerne og procedurerne forbliver relevante og effektive, og at de afspejler ændringer i sikkerhedsmiljøet. Sikkerhedspolitikker og -procedurer bør gennemgås regelmæssigt og opdateres for at afspejle ændringer i teknologi og trusler og for at sikre, at de forbliver effektive.

Forberedelse til sikkerhedshændelser er et afgørende aspekt for at opretholde sikkerheden og fortroligheden af følsomme oplysninger og systemer. En omfattende responsplan for hændelser, regelmæssige øvelser og test og implementering af adgangskontrolforanstaltninger og regelmæssig gennemgang af sikkerhedspolitikker og -procedurer kan hjælpe organisationer med at være bedre forberedt på sikkerhedshændelser. Ved at følge disse metoder kan organisationer reducere risikoen for sikkerhedshændelser og sikre, at deres reaktion på sådanne hændelser er organiseret, effektiv og effektiv.

D. Sårbarhedsvurdering

Sårbarhedsvurdering er en proces, der hjælper organisationer med at identificere og prioritere sikkerhedsrisici i deres it-systemer og applikationer. Det kan hjælpe med at forhindre cyberangreb, databrud og overtrædelser af compliance ved at finde og rette sikkerhedssvagheder, før de udnyttes af ondsindede aktører. Sårbarhedsvurdering kan også forbedre en organisations overordnede sikkerhedsposition og ydeevne ved at øge dens bevidsthed, synlighed og kontrol over dens it-aktiver.

Der findes forskellige typer af sårbarhedsvurderinger, afhængigt af omfang, mål og metode for evalueringen. Nogle almindelige typer er netværksbaseret, værtsbaseret, trådløst netværk, applikations- og databasevurdering. Hver type har sine egne fordele og begrænsninger og kan kræve forskellige værktøjer og teknikker for at fungere effektivt.

Sårbarhedsvurderingsprocessen består typisk af fire trin: identifikation, analyse, vurdering og afhjælpning. I identifikationstrinnet scanner organisationen sit it-miljø for potentielle sårbarheder ved hjælp af automatiserede eller manuelle metoder. I analysetrinnet verificerer og undersøger organisationen de identificerede sårbarheder for at bestemme deres grundlæggende årsager og virkninger. I vurderingstrinnet rangerer og prioriterer organisationen sårbarhederne ud fra deres sværhedsgrad, sandsynlighed og forretningsmæssige konsekvenser. I afhjælpningstrinnet implementerer organisationen passende løsninger eller begrænsninger for at eliminere eller reducere sårbarhederne.

Sårbarhedsvurdering er en væsentlig del af en proaktiv og omfattende cybersikkerhedsstrategi. Det kan hjælpe organisationer med at beskytte deres data, systemer og omdømme mod cybertrusler, samt overholde relevante love og regler. Sårbarhedsvurdering er dog ikke en engangsaktivitet, men en kontinuerlig proces, der kræver regelmæssige opdateringer, anmeldelser og forbedringer for at holde trit med det udviklende trusselslandskab.

XII. FORSTÅELSE AF SOCIAL ENGINEERING

A. Oversigt

Social engineering er en ældgammel teknik, der går forud for den digitale æra. Den manipulerer menneskelige følelser, adfærd og kognitive skævheder for at narre individer til at afsløre følsomme oplysninger, give uautoriseret adgang eller udføre visse handlinger, der kan kompromittere sikkerheden. Succesen med social engineering-angreb afhænger i høj grad af evnen til at bedrage og udnytte den tillid, folk har til andre.

B. Typer af socialtekniske trusler og hvordan de virker

B.1. Psykologien bag social ingeniørkunst

Tillid og autoritet

Folk har naturligvis en tendens til at stole på og adlyde dem, de opfatter som autoritetsfigurer eller legitime repræsentanter for en virksomhed eller organisation. Angribere udnytter denne tendens ved at efterligne autoritetspersoner, såsom it-personale, supervisorer eller ledere for at få adgang til følsomme oplysninger eller systemer. De bruger tillid og overtalelse til at overbevise ofrene om, at de har en legitim grund til deres anmodninger.

Gensidighed

Princippet om gensidighed påvirker individer til at føle sig forpligtet til at give en tjeneste eller handle venligt, når nogen gør det samme for dem. Sociale ingeniører kan igangsætte en lille handling af venlighed, såsom at give en lille gave eller kompliment, for at skabe en følelse af gældsætning, opmuntre ofre til at gengælde med information eller adgang. Denne teknik spiller ofte på folks naturlige tilbøjelighed til at være hjælpsomme og samarbejdsvillige.

Frygt og uopsættelighed

Sociale ingeniører udnytter frygt og haster til at skabe panik og får ofre til at handle impulsivt uden at tænke rationelt. Ved at optræde som en trussel eller formidle en følelse af, at det haster, sigter angriberne på at presse enkeltpersoner til at afsløre kritiske data eller udføre handlinger, de ellers ikke ville gøre. Frygt for at miste adgangen til en konto, stå over for disciplinære handlinger eller opleve et databrud kan føre til forhastet beslutningstagning.

Nysgerrighed og grådighed

Udnyttelse af menneskelig nysgerrighed eller ønsket om økonomisk gevinst kan få personer til at klikke på ondsindede links, åbne inficerede vedhæftede filer eller afsløre følsomme oplysninger. Sociale ingeniører laver ofte lokkende beskeder eller tilbud, der appellerer til enkeltpersoners nysgerrighed om en chokerende begivenhed eller løfte om økonomisk gevinst. Disse teknikker udnytter ønsket om nyhed eller personlig fordel, og tilskynder ofre til at handle uden forsigtighed.

B.2. Psykologiske tilgange til cyberkriminelle

Påskud og empati

Cyberkriminelle, der er dygtige i social engineering, anvender ofte en påskudstilgang, hvor de skaber et opdigtet scenarie, der appellerer til deres måls følelser og empati. De bruger empati som et værktøj til at opbygge tillid til deres ofre og skabe en stærk følelsesmæssig forbindelse, hvilket gør dem mere tilbøjelige til at videregive følsomme oplysninger eller udføre anmodede handlinger.

Rapportbygning

Opbygning af rapport er et afgørende aspekt af social engineering. Cyberkriminelle investerer tid og kræfter i at forstå deres måls interesser, hobbyer og personlige liv. Ved at skabe en følelse af fortrolighed og venskab opnår angriberne lettere ofrenes tillid. Denne tilgang er almindeligt anvendt i spear-phishing-angreb, hvor angribere tilpasser deres beskeder baseret på offentligt tilgængelige oplysninger om målet.

Spejling og kropssprog

I ansigt-til-ansigt interaktioner kan cyberkriminelle bruge spejlingsteknikker til ubevidst at opbygge forbindelse med deres mål. De efterligner subtilt målets kropssprog, gestus og talemønstre for at skabe en følelse af fortrolighed og komfort. Denne spejlingsteknik hjælper med at etablere et dybere niveau af tillid og påvirke målets beslutningstagning.

Social Bevis og Likability

Cyberkriminelle bruger ofte sociale beviser til at manipulere deres mål. Ved at fremvise vidnesbyrd, referencer eller påtegninger fra andre individer skaber de en illusion af legitimitet og troværdighed. På samme måde kan angribere sigte efter at være sympatiske og behagelige, hvilket gør det lettere for ofre at efterkomme deres anmodninger på grund af det positive indtryk, de skaber.

B.3. Almindelige sociale ingeniørteknikker:

Phishing

Phishing er en udbredt social engineering-taktik, hvor angribere sender svigagtige e-mails, beskeder eller websteder, der efterligner legitime kilder, og lokker modtagere til at angive loginoplysninger, økonomiske data eller andre følsomme oplysninger. Phishing-angreb kan variere fra grundlæggende og let sporbare til sofistikerede og meget målrettede spear-phishing-kampagner. Angribere bruger ofte e-mail-spoofing og domæneefterligning for effektivt at bedrage modtagere.

Påskud

I påskud fremstiller angribere et plausibelt scenarie for at fremkalde information fra ofre, såsom at udgive sig for at være kolleger, sælgere eller myndigheder. De skaber et påskud, der kræver bistand fra ofret, hvilket får dem til at videregive følsomme detaljer eller give uautoriseret adgang. Påskud kræver en god forståelse af organisationens struktur, personale og protokoller for at skabe en overbevisende fortælling.

Lokkemad

Lokkemad indebærer at lokke ofre med tilbud eller freebies såsom inficerede USB-drev mærket som vigtige dokumenter eller software for at narre dem til at kompromittere deres systemer. Når intetanende ofre tager agnen og tilslutter den inficerede enhed eller kører malwaren, får malwaren adgang til systemet. Baiting udnytter menneskelig nysgerrighed og ønsket om noget værdifuldt uden nogen tilsyneladende omkostninger.

Noget for noget

Angribere bruger quid pro quo til at love noget af værdi i bytte for information eller handlinger. For eksempel kan de ringe til tilfældige medarbejdere, udgive sig for teknisk support og tilbyde gratis softwareopgraderinger, assistance med et formodet teknisk problem eller rabatter til gengæld for login-legitimationsoplysninger eller andre følsomme oplysninger. Det lokke med at modtage noget værdifuldt i bytte tilskynder ofrene til at give de ønskede oplysninger.

B.4.   Reverse Social Engineering

I reverse social engineering manipulerer angribere ofre til at tro, at de har brug for hjælp, og vinder deres tillid til at udtrække følsomme oplysninger. De kan udgive sig som teknisk support og hævde at hjælpe med et teknisk problem, kun for at udtrække loginoplysninger eller følsomme data fra offeret. Reverse social engineering kræver en grundig forståelse af ofrets behov og bekymringer.

Eksempler fra den virkelige verden

CEO-svindel

En almindelig variant af social engineering involverer at efterligne højtstående ledere for at narre medarbejdere til at overføre penge til svigagtige konti. Angriberen udnytter autoritet og haster til at presse medarbejderne til at foretage overførslen uden korrekt verifikation. Disse angreb kan føre til betydelige økonomiske tab for organisationer.

Vandhulsangreb

Et vandhulsangreb er en type målrettet cyberangreb, hvor angribere kompromitterer et websted, der frekventeres af en bestemt gruppe potentielle ofre.

Denne type angreb involverer typisk følgende trin:

Målidentifikation: Angribere identificerer personer eller organisationer inden for en bestemt målgruppe. Denne gruppe deler ofte fælles egenskaber som at tilhøre en bestemt branche, geografisk placering eller have et specifikt interesseområde.

Udvælgelse af vandhullet: Angribere målretter mod et websted, som den valgte gruppe regelmæssigt besøger eller har tillid til. Dette kan være et forum, blog eller nyhedsside relateret til branchen eller interesse.

Injektion af ondsindet kode: Angribere injicerer ondsindet kode i det valgte vandhulswebsted. Denne kode giver angriberne adgang til ofrets computer, når den udføres.

Ventespil: Angriberne venter nu på besøgende til vandhullets hjemmeside. Når medlemmer af målgruppen besøger siden, kan de utilsigtet erhverve den ondsindede kode.

At kompromittere målene: Når den ondsindede kode inficerer computerne, får angriberne adgang. Med denne adgang kan de nå følsomme data.

Denne type angreb er ofte mere sofistikeret og fokuseret sammenlignet med generelle angreb. Målgruppen er normalt begrænset til en bestemt brancheorganisation eller enkeltpersoner. Derfor, selvom det ikke er en udbredt form for angreb, bruges vandhulsangreb til at ramme mål mere effektivt. Organisationer bør derfor tage denne type angreb i betragtning, når de implementerer sikkerhedsforanstaltninger.

B.5. Forsvar mod Social Engineering:

At afbøde trusler om social ingeniørkunst kræver en kombination af teknisk forsvar og en sikkerhedsbevidst kultur:

Sikkerhedsbevidsthedstræning: Regelmæssig og engagerende træning i sikkerhedsbevidsthed uddanner medarbejderne om sociale ingeniørteknikker, hvilket fremmer en årvågen og informeret arbejdsstyrke. Uddannelsen bør dække de seneste social engineering-taktikker, casestudier fra den virkelige verden og de psykologiske tricks, som cyberkriminelle anvender til at manipulere mål. Ved at forstå, hvordan social engineering fungerer og de psykologiske principper, der er i spil, kan medarbejderne bedre identificere og modstå forsøg på social engineering.

Brugeradfærdsanalyse: Implementering af brugeradfærdsanalyse kan hjælpe organisationer med at opdage uregelmæssigheder og mistænkelige aktiviteter i realtid. UBA-systemer analyserer brugeraktiviteter og adfærdsmønstre for at identificere afvigelser fra normen. Ved at opdage usædvanlige login-tider, adgangsforsøg eller dataadgangsmønstre kan UBA give tidlige advarselstegn på potentielle social engineering-angreb.

Machine Learning og AI: Udnyt maskinlæring og kunstig intelligens til at analysere data og identificere mønstre, der indikerer social engineering-forsøg. AI-drevne systemer kan løbende lære af historiske data, tilpasse sig nye trusler og forbedre deres nøjagtighed til at opdage og forhindre social engineering-angreb.

Endpoint Protection: Implementer robuste endpoint-beskyttelsesløsninger, der inkluderer anti-malware, indtrængningsdetektion og datatabsforebyggende funktioner. Endpoint-sikkerhed kan hjælpe med at opdage og blokere phishing-e-mails, ondsindede vedhæftede filer og andre social engineering-relaterede trusler, før de kan kompromittere brugersystemer.

Kontinuerlig test og evaluering: Vurder regelmæssigt organisationens modtagelighed over for sociale ingeniørangreb gennem penetrationstest og red team-øvelser. Eksterne penetrationstestere eller etiske hackere kan simulere social engineering-angreb for at identificere svagheder i sikkerhedsforanstaltninger og give handlingsorienteret indsigt for at forbedre forsvaret.

Stærke adgangskodepolitikker: Håndhæv stærke adgangskodepolitikker, herunder obligatoriske regelmæssige adgangskodeændringer og brug af komplekse adgangskoder eller adgangssætninger. Tilskynd medarbejderne til at bruge adgangskodeadministratorer til at generere og gemme unikke og stærke adgangskoder til hver konto, hvilket reducerer risikoen for vellykkede social engineering-angreb baseret på adgangskodegætteri.

Privileged Access Management (PAM): Implementer privilegerede adgangsstyringsløsninger til nøje at kontrollere adgangen til kritiske systemer og data. PAM begrænser administrative privilegier og anvender just-in-time adgang, hvilket sikrer, at enkeltpersoner kun har adgang, når det er nødvendigt og i en begrænset varighed, hvilket forhindrer uautoriseret adgang gennem social engineering-teknikker.

Zero Trust Architecture: Brug en nul-tillid-sikkerhedstilgang, der kræver verifikation for hver adgangsanmodning, uanset brugerens placering eller netværk. Implementering af multifaktorautentificering, enhedsgodkendelse og kontinuerlig overvågning sikrer, at ethvert adgangsforsøg gennemgår streng kontrol, hvilket reducerer succesraten for social engineering-angreb.

Reaktionsplan for sikkerhedshændelser: Udvikl en omfattende hændelsesresponsplan, der inkluderer specifikke protokoller til håndtering af socialtekniske hændelser. Planen bør skitsere roller og ansvar, kommunikationskanaler, indeslutningsstrategier og inddrivelsesprocedurer. Test planen regelmæssigt gennem simulerede øvelser for at sikre, at organisationen kan reagere effektivt på social engineering-angreb.

Medarbejderrapportering og kommunikation: Etabler klare kanaler for medarbejdere til at rapportere mistænkelige aktiviteter og potentielle social engineering-forsøg. Tilskynd til en åben og ikke-straffende rapporteringskultur, hvor medarbejdere føler sig trygge ved at rapportere hændelser uden frygt for gengældelse. Kommuniker omgående kendte trusler eller hændelser inden for social engineering til medarbejderne for at øge bevidstheden og hjælpe dem med at forblive på vagt.

Retningslinjer for ekstern kommunikation: Undervis medarbejderne om risikoen ved at dele følsomme oplysninger med eksterne parter, især gennem telefonopkald, e-mails eller sociale medier. Understreg vigtigheden af at verificere ukendte personers eller organisationers identitet, før der afsløres fortrolige data.

Regelmæssige sikkerhedsvurderinger: Udfør regelmæssige gennemgange af sikkerhedspolitikker, -procedurer og adgangskontroller for at sikre, at de stemmer overens med det udviklende trussellandskab og bedste praksis. Involver nøgleinteressenter fra forskellige afdelinger for at samle forskellige perspektiver og input.

Social engineering er fortsat en formidabel trussel, der fortsætter med at udvikle sig sammen med teknologi og menneskelig adfærd. Ved at forstå de psykologiske principper, der bruges af cyberkriminelle, og deres taktik kan organisationer opbygge stærkere forsvar mod sociale ingeniørangreb.

Kontinuerlig uddannelse og træning er afgørende for at holde medarbejderne årvågne og parate til at identificere og rapportere potentielle forsøg på social engineering. Organisationer skal investere i robuste cybersikkerhedsløsninger, såsom brugeradfærdsanalyse, AI-drevet overvågning og slutpunktsbeskyttelse for proaktivt at opdage og forhindre social engineering-angreb.

XII. SVAR PÅ ALMINDELIGE SPØRGSMÅL

A. Oversigt

I dette afsnit vil vi forklare årsagerne til de almindelige cybersikkerhedsforanstaltninger, som man ofte støder på i dagligdagen, og svarene på almindelige spørgsmål.

B. Spørgsmål

B.1. Hvorfor skal du fysisk slukke dit bærbare kamera?

Tildækning af kameraet på en bærbar computer er blevet en almindelig praksis på grund af bekymringer om privatlivets fred og potentielle sikkerhedsrisici. Her er hovedårsagerne til, at brugere kan overveje at dække deres bærbare kameraer:

Privatlivsbeskyttelse: Hackere og ondsindet software kan potentielt få uautoriseret adgang til en bærbar computers kamera. Dette kan give dem mulighed for at optage billeder og videoer af dig uden dit samtykke, invadere dit personlige rum og potentielt kompromittere dit privatliv.

Forebyggelse af fjernovervågning: Nogle sofistikerede malwares eller spywares kan aktivere en bærbar computers kamera uden brugerens viden eller samtykke. At dække kameraet fysisk forhindrer enhver utilsigtet eller uautoriseret fjernaktivering, hvilket gør det svært for nogen at udspionere dig gennem dit kamera.

Beskyttelse mod sårbarhedsudnyttelse: Cyberkriminelle kan udnytte sårbarheder i software eller hardware til at få adgang til dit kamera. Tildækning af kameraet er et simpelt forholdsregler for at mindske denne risiko.

Ransomware-angreb: I nogle tilfælde kan cyberkriminelle målrette enkeltpersoner eller organisationer med ransomware-angreb, hvor de truer med at frigive følsomme eller kompromitterende oplysninger, medmindre der betales løsesum. At have dit kamera dækket kan forhindre hackere i at bruge potentielt pinlige eller personlige billeder som løftestang.

Utilsigtet aktivering: Selv uden ondsindede hensigter kan kameraer blive aktiveret ved et uheld under videokonferencer eller andre programmer, hvilket potentielt kan føre til pinlige situationer. Tildækning af kameraet sikrer, at du har kontrol over, hvornår kameraet er aktivt.

Tildækning af kameraet er en god forholdsregel, men det er ikke en idiotsikker løsning. Beslutningen om at dække din bærbare computers kamera er et personligt valg baseret på dit eget komfortniveau med de potentielle risici og dit ønske om at bevare dit privatliv og sikkerhed.

Husk også, at dækning af kameraet alene ikke løser potentielle bekymringer relateret til din bærbare computers mikrofon. Ligesom hackere kan få uautoriseret adgang til dit kamera, kan de også udnytte sårbarheder til at få adgang til din mikrofon uden din viden.

Her er nogle af farerne forbundet med computer- og mobilenhedsmikrofoner med hensyn til cybersikkerhed:

Uautoriseret adgang og aflytning: Hackere kan potentielt få uautoriseret adgang til en enheds mikrofon, hvilket giver dem mulighed for at lytte med på samtaler, møder og private diskussioner uden brugerens viden eller samtykke. Denne invasive form for aflytning kan føre til afsløring af personlige og fortrolige oplysninger.

Udnyttelse af stemmebiometri: Stemmebiometri, der bruges til autentificering og verifikationsformål, kan manipuleres af sofistikerede angribere. Stemmeoptagelser indsamlet gennem kompromitterede mikrofoner kan blive brugt til at få uautoriseret adgang til sikre systemer eller konti, ved at omgå stemmebaserede sikkerhedsforanstaltninger.

Audio Data Mining: Mikrofonaktiverede enheder indsamler løbende lyddata fra deres omgivelser. Disse data kan udnyttes af tredjeparter til lyddatamining, hvor talemønstre, nøgleord og følelsesmæssige tegn analyseres for at opbygge detaljerede profiler af brugere, krænker deres privatliv og potentielt muliggør målrettet annoncering eller manipulation.

Datalækage: Apps og software, der har mikrofonadgangstilladelser, kan utilsigtet eller med vilje lække optagede lyddata til uautoriserede parter. Dette kan ske på grund af sårbarheder, usikkert appdesign eller endda ondsindede hensigter fra app-udvikleres side.

IoT-sårbarheder: Internet of Things (IoT)-enheder er ofte udstyret med mikrofoner, og mangler muligvis robuste sikkerhedsforanstaltninger på grund af deres haste udvikling eller minimale computerressourcer. Dette gør dem til attraktive mål for angribere, der ønsker at kompromittere netværk eller indsamle oplysninger fra flere enheder.

I modsætning til kameraer er mikrofonen i en bærbar eller mobilenhed integreret på en måde, der ikke kan dækkes helt. Tildækning af mikrofonen på mobiltelefoner vil heller ikke være en effektiv løsning, da det vil forhindre normal kommunikation. For at afbøde farerne i forbindelse med mikrofoner i computere og mobile enheder bør brugerne tage nogle handlinger:

Administrer tilladelser: Gennemgå og administrer regelmæssigt apptilladelser, især mikrofonadgang. Giv kun adgang til apps, der virkelig kræver det, og som kommer fra velrenommerede kilder.

Fysisk sikkerhed: Når den ikke er i brug, skal du overveje fysisk at dække indbyggede mikrofoner.

B.2. Hvad er "Peer-to-Peer-kryptering" for Mobile Messaging Apps?

Peer-to-peer-kryptering er en form for kryptering, hvor dataene er krypteret på afsenderens enhed og kun kan dekrypteres af modtagerens enhed. Det betyder, at ingen andre (inklusive messaging-app-virksomheden selv) kan læse beskederne.

Peer-to-peer-kryptering er ekstremt vigtigt for mobilmeddelelsesapps, fordi det hjælper med at beskytte brugernes privatliv og sikkerhed. Med peer-to-peer-kryptering kan brugere være sikre på, at deres beskeder ikke bliver opsnappet eller læst af tredjeparter. Dette er især vigtigt for brugere, der sender følsomme oplysninger såsom adgangskoder, kreditkortnumre eller økonomiske optegnelser.

Peer-to-peer-kryptering hjælper også med at beskytte brugere mod cyberangreb. Hvis hackere er i stand til at kompromittere messaging-app-virksomhedens servere, vil de stadig ikke være i stand til at læse beskederne, fordi de vil være krypteret.

B.3.   Hvad er Multi-Factor Authentication (MFA)?

Multi-factor authentication (MFA) er en sikkerhedsforanstaltning, der kræver, at brugere angiver to eller flere autentificeringsfaktorer for at få adgang til en konto eller enhed. Dette gør det sværere for angribere at få uautoriseret adgang, selvom de har kompromitteret én faktor af autentificering.

Der er tre hovedtyper af godkendelsesfaktorer:

Vidensfaktorer: Noget du kender, såsom en adgangskode, pinkode eller sikkerhedsspørgsmål.
Besiddelsesfaktorer: Noget du har såsom en smartphone eller fysisk sikkerhedsnøgle.
Biologiske faktorer: Noget du er såsom et fingeraftryk, ansigtsscanning eller stemmeaftryk.
MFA kræver typisk, at brugerne angiver to faktorer fra forskellige kategorier. For eksempel skal du muligvis indtaste din adgangskode (en vidensfaktor) og scanne dit fingeraftryk (en biologisk faktor) for at logge ind på din bankkonto.

Her er nogle tips til at aktivere MFA:

Brug forskellige typer godkendelsesfaktorer for hver konto. Dette vil gøre det sværere for angribere at få adgang til flere konti, hvis de kompromitterer en autentificeringsfaktor. Aktiver MFA for alle dine vigtige konti såsom din e-mail, bankkonti og sociale medier. Hold dine autentificeringsfaktorer sikre. Hvis du for eksempel bruger en sikkerhedsnøgle til MFA, skal du sørge for at opbevare den et sikkert sted. Vær opmærksom på phishing-angreb, der forsøger at narre dig til at afsløre dine MFA-koder. Afslør aldrig dine MFA-koder til nogen, selvom de hævder at være fra en legitim organisation.

B.4. Hvorfor er det, at når min telefon er ved siden af mig, når jeg nævner et produkt, vises dens annonce med det samme på min telefon eller computer lige efter? Lytter enheder os hele tiden?

Det er et almindeligt spørgsmål i disse dage. Denne situation omtales generelt som "målrettet annoncering" eller "personlig reklame". Sådanne annoncer tilpasses baseret på brugerens interesser og adfærd ved hjælp af forskellige dataindsamlings- og analysemetoder. Her er nogle mulige årsager til, hvordan dette fungerer:

Stemmegenkendelse og analyse: Smartphones og andre enheder kan lytte til lyde i baggrunden. Derudover kan nogle apps eller tjenester registrere specifikke søgeord eller termer ved at behandle brugersamtaler. Når du f.eks. nævner et produktnavn, kan de registrere dette søgeord og målrette mod relevante annoncer.

Placering og kontekstoplysninger: Din telefon kan bestemme din placering ved hjælp af funktioner som GPS og wi-fi. Placeringsoplysninger kan bruges til at præsentere relevante annoncer, når du går ind i en bestemt butik eller er i et bestemt område.

Browserhistorik og appbrug: Historien om apps, du bruger, og din browser kan afspejle dine interesser og shoppingadfærd. Disse data kan hjælpe annoncører med at tilbyde dig mere passende produkt- eller tjenesteanbefalinger.

Sociale medier og onlineinteraktioner: Sociale medieplatforme og andre onlinetjenester kan udføre dataanalyse for at målrette annoncer baseret på brugeradfærd. For eksempel kan dine likes, delinger og fulgte konti på sociale medier bruges til at identificere dine interesser. Der er et moderne ordsprog om dette: "Hvis tjenesten er gratis, er du produktet."

Cookies og sporingsteknologier: Browsercookies og lignende sporingsteknologier kan overvåge dine onlineaktiviteter og dele disse oplysninger med annoncører. På denne måde kan annoncer tilpasses baseret på din adfærd på tværs af forskellige websteder og apps.

Disse processer sker normalt med brugerens tilladelse eller samtykke. Annoncører arbejder generelt for at beskytte brugernes privatliv og være gennemsigtige omkring dataindsamling i overensstemmelse med politikker og lovkrav. I de fleste tilfælde ligger grundlaget for målrettet annoncering i brugerens samtykke.

Hvis målrettet annoncering giver anledning til bekymringer om dit personlige privatliv, er det vigtigt at gennemgå og tilpasse privatlivsindstillingerne for dine enheder og apps.

Målrettet annoncering og personlig levering af indhold er tæt forbundet med begreber som datamining og big data. Det er ens, men forskellige udtryk.

Data mining: Data mining involverer processen med at opdage mønstre, tendenser og indsigt fra store datasæt. I forbindelse med målrettet annoncering bruges datamining-teknikker til at analysere enorme mængder brugerdata for at identificere mønstre i brugeradfærd, præferencer og interaktioner. Disse oplysninger bruges derefter til at skræddersy annoncer og indhold til individuelle brugere, hvilket øger sandsynligheden for engagement og konvertering.

Big Data: Big data refererer til den enorme mængde af strukturerede og ustrukturerede data, som organisationer indsamler og behandler. I tilfælde af målrettet annoncering omfatter big data en bred vifte af information såsom brugerdemografi, browserhistorik, appbrug, interaktioner på sociale medier, placeringsdata og mere. Denne omfattende dataindsamling giver annoncører en rig kilde til information, så de kan forstå brugerpræferencer og levere personlige oplevelser.

Personalisering og målretning: Kombinationen af datamining og big data gør det muligt for virksomheder at skabe meget personlige oplevelser for brugerne. Ved at analysere store datasæt og identificere mønstre kan virksomheder segmentere brugere i specifikke grupper baseret på fælles karakteristika. Denne segmentering giver dem mulighed for at skræddersy annoncer, anbefalinger og indhold til individuelle brugeres interesser og præferencer, hvilket resulterer i en mere effektiv marketingindsats.

Machine Learning og AI: Avanceret datamining og big data-analyse involverer ofte maskinlæring og kunstig intelligens-teknikker. Disse teknologier kan automatisere processen med at analysere data, identificere mønstre og forudsige brugeradfærd. Maskinlæringsalgoritmer kan løbende forbedre deres forståelse af brugerpræferencer, hvilket fører til stadig mere nøjagtige og relevante personlige anbefalinger og annoncer.

I det væsentlige udnytter målrettet annoncering og personlig levering af indhold data mining og big data-analyse for at optimere effektiviteten af marketingindsatsen. Dette involverer indsamling, bearbejdning og fortolkning af store mængder brugerdata for at skabe skræddersyede oplevelser, der giver genlyd hos individuelle brugere.

Fremtidige virkninger og konsekvenser

Dette er et emne, der falder uden for bogens hovedtema, men det skal stadig nævnes.

Data mining og brug af big data kan have både positive og negative konsekvenser for samfundet. Selvom de tilbyder mange fordele med hensyn til at forbedre tjenester og personalisering, rejser de også bekymringer om privatliv, sikkerhed og potentielt misbrug. Her er nogle potentielle farer og fremtidige virkninger af datamining og big data, herunder deres ondsindede brug:

Invasion og overvågning af privatlivets fred:

Dataaggregation: Data mining involverer aggregering af forskellige datakilder, som, når de kombineres, kan afsløre indviklede detaljer om enkeltpersoners private liv, vaner og præferencer.

Tredjeparts datadeling: Datamæglere og tredjepartsvirksomheder indsamler og sælger ofte personlige data, hvilket fører til udbredt deling af personlige oplysninger uden enkeltpersoners udtrykkelige samtykke.

Placeringssporing: Mobilenheders placeringsdata kan give indsigt i en persons bevægelser, vaner og daglige rutiner, når de analyseres.

Social Engineering:

Psykografisk profilering: Data mining kan skabe psykografiske profiler, der forudsiger individuel adfærd, hvilket giver angribere mulighed for at lave overbevisende beskeder, der udnytter psykologiske sårbarheder.

Identitetsmimik: Detaljerede personlige oplysninger kan bruges til overbevisende at efterligne personer i svindel eller svigagtige aktiviteter.

Politisk manipulation og valgsvindel:

Mikromålretning: Politiske kampagner kan bruge datadrevet mikromålretning til at identificere og nå ud til specifikke demografiske grupper med skræddersyede budskaber, hvilket potentielt kan påvirke den offentlige mening.

Fake News Amplification: Minede data kan identificere målgrupper, der er sårbare over for desinformation, hvilket forstærker spredningen af falske nyheder og splittende indhold.

Undertrykkelse af vælgere: Ondsindede aktører kan bruge vælgerdata til at oprette falske vælgerregistreringswebsteder eller sprede misinformation om valgprocedurer for at undertrykke valgdeltagelsen.

Overvågningskapitalisme:

Prediktiv analyse: Virksomheder udnytter big data og maskinlæring til at forudsige forbrugeradfærd og optimere marketingstrategier for at øge salget.

Filterbobler: Algoritmer bruger personlige data til at levere indhold, der stemmer overens med brugernes eksisterende overbevisninger, forstærker ekkokamre og begrænser eksponering for forskellige synspunkter.

Diskrimination og skævhed:

Algoritmisk skævhed: Algoritmer trænet på historiske data kan fastholde samfundsmæssige skævheder, hvilket fører til diskriminerende resultater på kritiske områder som udlån, ansættelse og strafferet.

Redlining 2.0: Prædiktiv analyse kan utilsigtet forstærke diskriminerende praksis og skabe en digital form for redlining ved uretfærdigt at nægte muligheder for marginaliserede grupper. (Redlining refererer til en diskriminerende praksis, der opstod i USA i begyndelsen til midten af det 20. århundrede, primært i løbet af 1930'erne til 1960'erne. Det var en systematisk måde at nægte lån, forsikring eller andre finansielle tjenester til specifikke kvarterer eller lokalsamfund baseret på på deres racemæssige eller etniske sammensætning)

Tab af personlig agentur:

Nudge Theory: Adfærdsindsigt fra data mining kan bruges til subtilt at påvirke enkeltpersoners beslutninger, hvilket fører til bekymringer om manipulation af personlige valg. (I sin kerne erkender nudge-teorien, at menneskelig beslutningstagning ofte er underlagt kognitive skævheder og heuristika, der kan føre til mindre end optimale resultater. Ved at forstå disse skævheder kan politiske beslutningstagere og organisationer designe valgarkitekturer, der letter bedre beslutningstagning. Disse indgreb er designet til at udnytte de forudsigeligt irrationelle aspekter af menneskelig adfærd og tilskynde til valg, der fremmer personlig sundhed, finansiel stabilitet, miljøbevarelse og mere)

Overvågningskapitalismens indflydelse: Den kontinuerlige overvågning af adfærd kan føre til kommodificering af personlige oplevelser, underminere ægte forbindelser og personlig autonomi.

Orwellsk overvågningstilstand:

Masseovervågning: Konvergensen af data fra forskellige kilder, herunder sociale medier, internetbrowsing og IoT-enheder kan gøre det muligt for regeringer eller virksomheder at udføre masseovervågning svarende til den dystopiske verden, der er afbildet i George Orwells "1984"-roman.

Prædiktiv politiarbejde: Retshåndhævende myndigheder kan bruge forudsigende analyser til forebyggende at identificere potentielle kriminelle, hvilket giver anledning til bekymring om retfærdig rettergang og individuelle rettigheder.

At finde en balance mellem de potentielle fordele og risici ved datamining og big data kræver nøje overvejelse af teknologiske fremskridt, etiske principper og juridiske rammer for at sikre en fremtid, hvor datadrevet innovation udnyttes ansvarligt til forbedring af samfundet. Dette er faktisk et af de vigtigste emner om fremtiden for cybersikkerhed.

B.5. Hvad er Digital Footprint?

Vores online tilstedeværelse efterlader et spor af data, der tilsammen danner vores digitale fodaftryk. Dette fodaftryk omfatter de digitale brødkrummer, vi uforvarende spreder ud over forskellige platforme og interaktioner, og giver værdifuld indsigt i vores liv, præferencer og adfærd. At forstå konsekvenserne af vores digitale fodaftryk er vigtigt for at beskytte vores privatliv. I dette kapitel vil vi undersøge konceptet om det digitale fodaftryk, undersøge dets betydning, potentielle risici og foranstaltninger til at afbøde dets indvirkning.

Definition af det digitale fodaftryk

Ethvert digitalt engagement fra interaktioner på sociale medier til online shoppingadfærd bidrager til den voksende pulje af information, der udgør vores digitale fodaftryk. Dataindsamling fra digitalt fodaftryk kan ske gennem både aktive og passive midler. Aktiv dataindsamling involverer frivilligt at dele information på sociale medier, udfylde onlineformularer eller poste opdateringer. I modsætning hertil sker passiv dataindsamling bag kulisserne, hvor forskellige enheder sporer og indsamler data uden udtrykkeligt brugerens samtykke, ofte til markedsføring eller analytiske formål.

Betydningen af digitale fodspor

Digitale fodspor giver værdifulde data til virksomheder og organisationer til at analysere brugeradfærd, tendenser og demografi. Disse oplysninger hjælper dem med at forfine produkter, tjenester og marketingstrategier for bedre at imødekomme deres målgruppe.

Det digitale fodaftryk spiller en vigtig rolle i udformningen af vores online omdømme. Oplysninger, der deles offentligt eller lækkes ved et uheld, kan have ufattelige konsekvenser for personlige og professionelle forhold.

Risici forbundet med digitale fodspor

Identitetstyveri og bedrageri: En af de væsentligste risici forbundet med et digitalt fodaftryk er identitetstyveri. Ondsindede aktører kan udnytte offentligt tilgængelige oplysninger til at sammensætte detaljer, der er nødvendige for at begå identitetssvig.

Sociale ingeniørangreb: Cyberkriminelle bruger ofte information indsamlet fra digitale fodspor til at lave overbevisende sociale ingeniørangreb, manipulere enkeltpersoner til at afsløre følsomme oplysninger eller udføre ondsindede handlinger.

Databrud og krænkelser af privatlivets fred: Utilstrækkelige databeskyttelsesforanstaltninger kan føre til databrud, hvilket resulterer i eksponering af følsomme oplysninger og potentielle krænkelser af privatlivets fred.

Minimer dit digitale fodaftryk

Privatlivsindstillinger og tilladelser: Gennemgå og juster privatlivsindstillinger på sociale medieplatforme, onlinetjenester og apps for at kontrollere de oplysninger, du deler, og begrænse adgangen til dine data.

Ansvarlig brug af sociale medier: Vær forsigtig med de oplysninger, du poster på sociale medier, især med hensyn til personlige oplysninger og placeringsoplysninger. Tænk dig om to gange, før du deler følsomt indhold, der kan komme tilbage og hjemsøge dig.

Begrænsning af tredjepartsadgang: Vær opmærksom på at give tilladelser til tredjepartsapps og -tjenester, der anmoder om adgang til dine data. Begræns sådan adgang til kun væsentlige funktioner.

Regelmæssige dataaudits: Udfør periodiske audits af dit digitale fodaftryk for at identificere og fjerne forældede eller unødvendige oplysninger, hvilket reducerer eksponeringen af potentielt følsomme data.

Digitalt fodaftryk og professionelt liv

Jobjagt og screening på sociale medier: Arbejdsgivere udfører ofte screeninger på sociale medier af potentielle kandidater. Sørg for, at dit digitale fodaftryk viser et professionelt og positivt billede.

Online branding og netværk: Dit digitale fodaftryk kan være et kraftfuldt værktøj til personlig branding og netværk. Engager omhyggeligt og ansvarligt for at opbygge en velrenommeret online tilstedeværelse.

At forstå dit digitale fodaftryk er afgørende, hvor data er valutaen i det digitale rige. Dine onlineaktiviteter efterlader spor, der kan forme dine oplevelser, privatliv og sikkerhed. Husk, at hvert eneste digitale skridt, du tager, bidrager til det stadigt voksende billedtæppe af din digitale tilstedeværelse. Så træd opmærksomt og ansvarligt i den digitale verden.

XIII. CYBERSIKKERHEDS FREMTID

Næsten alle aspekter af vores liv, der driver det endeløse rum i onlineverdenen, er nu afhængige af digitale systemer. Denne eksponentielle vækst i teknologien medfører dog også nye og komplekse cybersikkerhedsudfordringer. Efterhånden som vi træder ind i fremtiden, er landskabet for cybersikkerhed sat til at udvikle sig på hidtil usete måder og kræver innovative strategier til at beskytte mod nye trusler.

A. Kunstig intelligens (AI) og Machine Learning (ML)

En af de mest markante tendenser inden for internetsikkerhed er den øgede brug af kunstig intelligens (AI) og maskinlæring (ML) i sikkerhedsløsninger. AI- og ML-algoritmer bliver allerede brugt til at opdage og reagere på cybertrusler hurtigere og mere præcist end traditionelle metoder. I fremtiden kan vi forvente at se endnu mere avanceret brug af AI og ML i internetsikkerhed, såsom forudsigelig trusselsintelligens og trusselsanalyse i realtid.

Cybertrusler kommer i forskellige former, lige fra phishing-angreb og ransomware til sofistikerede Advanced Persistent Threats (APT). Disse trusler udnytter sårbarheder i netværk, software og menneskelig adfærd og udgør betydelige risici for følsomme data, kritisk infrastruktur og individuel privatliv. Traditionelle cybersikkerhedsforanstaltninger er ofte ikke nok til at bekæmpe disse hastigt udviklende trusler.

A.1. Kunstig intelligens i cybersikkerhed

Kunstig intelligens er videnskaben og teknikken til at skabe maskiner eller systemer, der kan udføre opgaver, der normalt kræver menneskelig intelligens, såsom læring, ræsonnement, beslutningstagning og problemløsning. AI kan anvendes på forskellige domæner og industrier.

Kunstig intelligens i cybersikkerhed er brugen af AI-teknikker og værktøjer til at øge sikkerheden og modstandsdygtigheden af informationssystemer og netværk. AI kan hjælpe cybersikkerhedsprofessionelle med at automatisere og optimere forskellige opgaver og processer såsom dataanalyse, trusselsdetektion eller brugergodkendelse. AI kan også hjælpe cybersikkerhedsforskere med at opdage og afbøde nye og nye cybertrusler.

Men kunstig intelligens inden for cybersikkerhed udgør også nogle udfordringer og risici, der skal løses. AI kan også bruges af cyberangribere til at iværksætte mere sofistikerede og snigende angreb såsom modstridende maskinlæring eller botnet-angreb. AI kan også introducere nye sårbarheder eller skævheder i sikkerhedssystemerne eller algoritmerne, som kan udnyttes eller manipuleres af ondsindede aktører. AI kan også rejse etiske eller juridiske spørgsmål vedrørende privatlivets fred.

Anvendelser og fordele ved kunstig intelligens i cybersikkerhed

Kunstig intelligens i cybersikkerhed kan anvendes på forskellige domæner og funktioner, såsom:

Dataanalyse: AI kan hjælpe cybersikkerhedsprofessionelle med at indsamle, behandle, analysere og visualisere store mængder data fra forskellige kilder, såsom logfiler, advarsler, rapporter eller sensorer. AI kan bruge teknikker som naturlig sprogbehandling (NLP), computervision (CV) eller data mining (DM) til at udtrække nyttig information og indsigt fra dataene. AI kan også bruge teknikker som machine learning (ML), deep learning (DL) eller neurale netværk (NN) til at lære af dataene og identificere mønstre eller anomalier. AI kan hjælpe cybersikkerhedsprofessionelle med at få en bedre forståelse af sikkerhedssituationen og træffe informerede beslutninger.

Trusseldetektion: AI kan hjælpe cybersikkerhedsprofessionelle med at opdage og identificere forskellige typer cybertrusler, såsom malware, ransomware, phishing eller denial-of-service-angreb. AI kan bruge teknikker såsom signaturbaseret detektion, adfærdsbaseret detektion eller anomalibaseret detektion til at sammenligne den observerede aktivitet med den kendte eller forventede aktivitet og markere eventuelle afvigelser eller mistænkelige hændelser. AI kan også bruge teknikker såsom overvåget læring, uovervåget læring eller forstærkningslæring til at lære af de historiske data eller realtidsdata og opdage nye eller ukendte trusler. AI kan hjælpe cybersikkerhedsprofessionelle med at reducere de falske positive eller falske negative og øge nøjagtigheden og hastigheden af trusselsdetektion.

Hændelsesreaktion: AI kan hjælpe cybersikkerhedsprofessionelle med at reagere på og komme sig efter cyberhændelser, såsom brud, angreb eller indtrængen. AI kan bruge teknikker såsom automatiseret ræsonnement, planlægning eller beslutningstagning til at generere den optimale reaktionsstrategi eller handlingsplan baseret på hændelsens alvor, virkning eller kontekst. AI kan også bruge teknikker såsom automatiseringsorkestrering eller samarbejde til at udføre responshandlinger eller opgaver med minimal menneskelig indgriben eller supervision. AI kan hjælpe cybersikkerhedsprofessionelle med at afbøde skaden eller tabet og genoprette den normale drift af systemet eller netværket.

Risikovurdering: AI kan hjælpe cybersikkerhedsprofessionelle med at vurdere og administrere sikkerhedsrisici forbundet med deres informationssystemer eller netværk. AI kan bruge teknikker såsom sandsynlighedsbegrundelse, fuzzy logik eller spilteori til at estimere sandsynligheden, konsekvensen eller omkostningerne ved potentielle trusler eller sårbarheder. AI kan også bruge teknikker som optimering, simulering eller scenarieanalyse til at evaluere effektiviteten, effektiviteten eller afvejningen af forskellige sikkerhedsforanstaltninger eller kontroller. AI kan hjælpe cybersikkerhedsprofessionelle med at prioritere de mest kritiske eller presserende risici og allokere de passende ressourcer eller budget til at håndtere dem.

A.2. Maskinlæring i cybersikkerhed

Machine Learning er en delmængde af kunstig intelligens, der giver systemer mulighed for at lære af data og forbedre deres ydeevne uden at være eksplicit programmeret. ML-algoritmer kan analysere historiske data om cyberhændelser og identificere tendenser og derved muliggøre forudsigelse af potentielle trusler. Ved løbende at lære af nye data tilpasser ML-modeller sig til nye trusler, hvilket forbedrer den overordnede effektivitet af cyberforsvar.

A.3. Adfærdsanalyse

AI-drevet adfærdsanalyse er en game-changer inden for cyberforsvar. Ved at studere brugeradfærd og etablere mønstre for normal aktivitet, kan AI-systemer hurtigt opdage afvigelser, der kan indikere potentielle trusler, såsom insider-angreb eller kompromitterede konti. Adfærdsanalyse supplerer traditionelle signaturbaserede tilgange og forbedrer den overordnede sikkerhedsposition.

A.4. Malware detektion og forebyggelse

Malware udgør en alvorlig trussel mod computersystemer og netværk. AI- og ML-algoritmer har væsentligt forbedret malware-detektion og -forebyggelsesteknikker. ML-modeller kan identificere og klassificere malware baseret på dens karakteristika, hvilket muliggør realtidsbeskyttelse mod både kendte og nul-dages trusler.

A.5. Adaptiv godkendelse

Autentificering er et kritisk aspekt af cybersikkerhed, og AI har en væsentlig rolle i at gøre den mere robust. Adaptiv autentificering bruger AI til at vurdere risikoen forbundet med hvert autentificeringsforsøg. Baseret på forskellige faktorer såsom placering, enhed og brugeradfærd, kan AI bestemme det krævede autentificeringsniveau, hvilket giver en problemfri brugeroplevelse, mens sikkerheden opretholdes.

A.6. Trusselsjagt

Traditionelle cybersikkerhedsmetoder fokuserer ofte på reaktive foranstaltninger og venter på, at trusler dukker op, før de adresseres. AI-aktiveret trusselsjagt vender denne tilgang om. Ved at bruge ML-algoritmer til at gennemsøge enorme mængder data, kan cybersikkerhedsprofessionelle proaktivt identificere potentielle trusler og træffe forebyggende handlinger.

A.7. Hændelsesreaktion og genopretning

Når en cyberhændelse opstår, er hurtig og effektiv reaktion afgørende. AI og ML kan forbedre hændelsesresponstider markant ved at automatisere analysen af hændelsesdata, klassificere truslens alvor og foreslå passende afhjælpningsforanstaltninger.

A.8. Udfordringer og begrænsninger

Mens AI og ML tilbyder et enormt potentiale for cyberforsvar, kommer de også med udfordringer. Træning af AI-modeller kræver omfattende og forskelligartede datasæt, hvilket kan være udfordrende at opnå. Derudover søger modstridende angreb at udnytte sårbarheder i AI-systemer. Kontinuerlig overvågning og opdatering af AI-modeller er afgørende for at løse disse problemer.

B. Internet of Things (IoT) sikkerhed

Internet of things (IoT) er vokset hurtigt i de seneste år, og med denne vækst følger øgede sikkerhedsrisici. Efterhånden som flere enheder bliver forbundet til internettet, bliver det lettere for angribere at få adgang til følsomme oplysninger. Fremtidige tendenser inden for internetsikkerhed vil fokusere på at forbedre IoT-sikkerheden for at beskytte mod disse trusler, herunder udvikling af sikre IoT-protokoller, bedre enhedsgodkendelse og adgangskontrolmetoder og brug af sikre kommunikationsprotokoller såsom MQTT eller CoAP.

C. Blockchain og Cryptocurrency Security

Blockchain og cryptocurrency er to af de mest disruptive og innovative teknologier inden for cybersikkerhed. Blockchain er en distribueret hovedbogsteknologi, der registrerer transaktioner på en sikker og gennemsigtig måde. Cryptocurrency er et digitalt aktiv, der bruger blockchain som sin underliggende platform til at muliggøre peer-to-peer udveksling af værdi uden mellemled.

Blockchain og cryptocurrency tilbyder mange fordele for cybersikkerhed, såsom:

Decentralisering: Blockchain og cryptocurrency opererer på et netværk af noder, der deler ansvaret for at validere transaktioner og vedligeholde hovedbogen. Dette eliminerer behovet for centraliserede myndigheder eller betroede tredjeparter, der kan blive kompromitteret eller korrupt.

Kryptering: Blockchain og cryptocurrency bruger kryptografiske teknikker såsom hashing, digitale signaturer og public-key kryptografi, for at beskytte data og deltagernes identitet. Dette sikrer fortroligheden, integriteten og ægtheden af transaktionerne og hovedbogen.

Konsensus: Blockchain og cryptocurrency bruger forskellige algoritmer, såsom proof-of-work, proof-of-stake eller proof-of-authority, for at opnå enighed mellem noderne om status for hovedbogen. Dette forhindrer dobbeltforbrug eller manipulation af dataene.

Gennemsigtighed: Blockchain og cryptocurrency giver en offentlig og verificerbar registrering af alle transaktioner, der kan revideres og spores af enhver. Dette øger systemets ansvarlighed og troværdighed.

Blockchain og cryptocurrency står dog også over for nogle udfordringer og begrænsninger, der skal løses. Nogle af disse udfordringer er:

Skalerbarhed: Blockchain og cryptocurrency har svært ved at håndtere store mængder transaktioner eller data på grund af deres iboende design. Dette påvirker deres ydeevne og brugervenlighed.

Privatliv: Blockchain og kryptovaluta afslører nogle oplysninger om transaktionerne og deltagerne for offentligheden, såsom beløbet, adressen og tidsstemplet. Dette kan kompromittere brugernes privatliv eller anonymitet eller afsløre følsomme data.

Regulering: Blockchain og cryptocurrency opererer i et stort set ureguleret eller uklart juridisk miljø, der kan udgøre risici eller usikkerheder for brugerne eller interessenterne. Dette kan påvirke deres ansvar.

Sikkerhed: Blockchain og cryptocurrency er ikke immune over for cyberangreb eller sårbarheder, der kan udnytte deres svagheder eller mangler. Dette kan resultere i tab af aktiverne.

Typer af trusler

Trusler kan klassificeres i to kategorier: eksterne angreb eller interne angreb. Eksterne angreb er dem, der stammer fra eksterne kilder, der forsøger at bryde eller forstyrre systemet. Interne angreb er dem, der stammer fra interne kilder, der forsøger at manipulere systemet.

Nogle eksempler på eksterne angreb er:

Denial-of-service (DoS)-angreb: DoS-angreb er dem, der har til formål at overbelaste eller overvælde netværket eller noderne med ondsindet trafik eller anmodninger. Dette kan bremse eller afbryde systemets normale funktion eller forhindre legitime brugere i at få adgang til det.

Sybil-angreb: Sybil-angreb er dem, der skaber flere falske identiteter eller noder på netværket for at få indflydelse eller kontrol over det. Dette kan påvirke konsensusmekanismen, omdømmesystemet eller systemets stemmeproces.

Eclipse-angreb: Eclipse-angreb er dem, der isolerer en node eller en gruppe af noder fra resten af netværket ved at opsnappe eller blokere deres kommunikationskanaler. Dette kan skabe en falsk visning af hovedbogen eller transaktionerne for de berørte noder eller få dem til at gå glip af vigtige opdateringer eller hændelser.

51 % angreb: 51 % angreb er dem, der får mere end halvdelen af computerkraften eller indsatsen på netværket for at manipulere hovedbogen eller transaktionerne. Dette kan give dem mulighed for at tilbageføre eller ændre tidligere transaktioner, dobbeltbruge deres mønter eller forhindre nye transaktioner i at blive bekræftet.

Nogle eksempler på interne angreb er:

Dobbeltforbrugsangreb: Dobbeltforbrugsangreb er dem, der forsøger at bruge de samme mønter to gange ved at skabe modstridende transaktioner eller gafler på hovedbogen. Dette kan bedrage modtagerne eller underminere værdien af valutaen.

Selviske mineangreb: Egoistiske mineangreb er dem, der forsøger at opnå en uretfærdig fordel i forhold til andre minearbejdere ved at skjule deres minerede blokke fra netværket, indtil de har en længere kæde end den offentlige kæde. Dette kan give dem mulighed for at kræve flere belønninger, spilde andre minearbejderes ressourcer eller forårsage gafler på hovedbogen.

Bestikkelsesangreb: Bestikkelsesangreb er dem, der forsøger at påvirke andre deltageres adfærd ved at tilbyde dem incitamenter eller belønninger for at handle på en bestemt måde. Dette kan påvirke konsensusmekanismen, afstemningsprocessen eller systemets sikkerhedsprotokol.

D. Skysikkerhed

Cloud computing er blevet et væsentligt værktøj for organisationer af alle størrelser, og cloud-sikkerhed vil fortsat være en væsentlig trend inden for internetsikkerhed. Efterhånden som organisationer er mere afhængige af cloud-tjenester til deres digitale drift, vil behovet for effektive cloud-sikkerhedsløsninger blive endnu mere kritisk. Fremtidige tendenser inden for cloud-sikkerhed vil fokusere på at forbedre databeskyttelse og -sikkerhed, såsom brug af sikker cloud-lagring, udvikling af sikre cloud-baserede applikationer og implementering af multi-faktor-autentificering til cloud-tjenester.

E. Biometrisk autentificering og Zero Trust-arkitektur

Biometrisk autentificering er processen med at verificere en persons identitet baseret på deres fysiske eller adfærdsmæssige karakteristika såsom fingeraftryk, ansigt, iris, stemme eller tastetryk. Biometrisk autentificering giver flere fordele i forhold til traditionelle autentificeringsmetoder såsom adgangskoder eller PIN-koder, som kan glemmes eller kompromitteres. Biometrisk autentificering er mere praktisk og sikker, da den er afhængig af personens iboende træk, som er svære at efterligne.

Zero trust-arkitektur er en sikkerhedsmodel, der antager, at ingen enhed (bruger, enhed, netværk eller ressource) kan stole på som standard og kræver kontinuerlig verifikation, før der gives adgang. Nul tillid-arkitektur følger princippet om "aldrig stol på, altid verificere" og implementerer dynamiske politikker, der håndhæver princippet om mindste privilegier. Zero trust-arkitekturen har til formål at forhindre uautoriseret adgang og databrud.

Biometrisk autentificering og nul tillid-arkitektur er komplementære teknologier, der kan øge sikkerheden og anvendeligheden af adgangskontrolsystemer. Biometrisk autentificering kan give en stærk og kontinuerlig verifikation af brugerens identitet og kontekst, mens nul-tillidsarkitektur kan håndhæve strenge og adaptive politikker baseret på brugerens og ressourcens risikoniveau. Sammen kan biometrisk autentificering og nul tillid-arkitektur give et højt niveau af sikkerhed og beskyttelse for følsomme data og applikationer.

Biometriske autentificeringsteknologier

Biometriske autentificeringsteknologier kan klassificeres i to kategorier: fysiologisk biometri og adfærdsbiometri. Fysiologisk biometri er baseret på personens fysiske egenskaber såsom fingeraftryk, ansigt eller nethinde. Adfærdsbiometri er baseret på personens handlinger eller mønstre, såsom stemme, signatur eller gestus.

Fysiologisk biometri er normalt mere stabil og konsistent end adfærdsbiometri, men de kan også være mere påtrængende og sårbare over for spoofingangreb. Adfærdsbiometri er normalt mere dynamisk og variabel end fysiologisk biometri, men de kan også være mere brugervenlige og modstandsdygtige over for spoofing-angreb. Begge typer biometri har deres egne styrker og svagheder, og de kan kombineres for at opnå højere ydeevne og sikkerhed.

Nogle eksempler på biometriske autentificeringsteknologier er:

Fingeraftryksgenkendelse: Fingeraftryksgenkendelse er en af de mest udbredte og accepterede biometriske teknologier. Det er baseret på det unikke mønster af kamme og dale på overfladen af fingeren.

Fingeraftryksgenkendelse kan udføres ved at tage et billede af fingeren ved hjælp af en optisk eller kapacitiv sensor og sammenligne den med en lagret skabelon ved hjælp af forskellige algoritmer. Fingeraftryksgenkendelse er hurtig, præcis og bekvem, men den kan også blive påvirket af snavs, fugt eller slid på fingeren.

Ansigtsgenkendelse: Ansigtsgenkendelse er baseret på ansigtets karakteristiske træk. Det kan udføres ved at tage et billede eller en video af ansigtet ved hjælp af et kamera og sammenligne det med en gemt skabelon ved hjælp af forskellige algoritmer. Ansigtsgenkendelse er brugervenlig, ikke-påtrængende og bredt tilgængelig, men den kan også påvirkes af belysning, positur, udtryk, makeup eller tilbehør.

Irisgenkendelse: Irisgenkendelse er baseret på irisens unikke mønster, den farvede ring omkring øjets pupil. Irisgenkendelse kan udføres ved at tage et billede af øjet ved hjælp af et infrarødt kamera og sammenligne det med en gemt skabelon ved hjælp af forskellige algoritmer. Irisgenkendelse er meget præcis og sikker, men den kan også være dyr og følsom over for øjenlidelser eller kontaktlinser.

Stemmegenkendelse: Stemmegenkendelse er baseret på stemmens karakteristiske træk. Det kan udføres ved at fange en lydprøve af stemmen og sammenligne den med en gemt skabelon ved hjælp af forskellige algoritmer. Stemmegenkendelse er bredt tilgængelig, men den kan også være påvirket af støj, sygdom eller accent.

Tastanslagsdynamik: Tastanslagsdynamik er baseret på den unikke måde at skrive på et tastatur, såsom hastighed, tryk, rytme eller varighed af hvert tastetryk. Det kan udføres ved at indfange tastetrykdata ved hjælp af en softwareapplikation og sammenligne dem med en gemt skabelon ved hjælp af forskellige algoritmer.

Tastetryksdynamik er billig og nem at implementere, men den kan også påvirkes af skrivestil eller enhed.

Nul tillid arkitekturprincipper

Zero trust-arkitektur er en sikkerhedsmodel, der udfordrer den traditionelle perimeter-baserede tilgang, der antager, at alt inde i netværket er tillid til, og alt uden for netværket er ikke tillid til. Zero trust-arkitekturen anvender en datacentreret og identitetsdrevet tilgang, der antager, at intet kan stole på som standard, og at alt skal verificeres, før der gives adgang.

Zero trust-arkitektur følger disse kerneprincipper:

Bekræft eksplicit: Enhver anmodning om adgang skal være autentificeret, autoriseret og krypteret, uanset kilden eller placeringen. Der gives ingen implicit tillid baseret på netværksparametre såsom IP- eller MAC-adresse. Verifikation er baseret på flere faktorer såsom identitet, enhed eller kontekst.

Brug mindst privilegeret adgang: Hver bruger og enhed skal have den mindste mængde adgang, der kræves for at udføre deres funktion og ikke mere. Adgang gives på et behov for at vide og behov for brug og tilbagekaldes, når det ikke længere er nødvendigt. Adgangen er også begrænset i tid og omfang og er underlagt løbende gennemgang og revision.

Antag brud: Hver bruger og enhed skal behandles som en potentiel trussel og overvåges for unormal eller ondsindet adfærd. Ethvert tegn på kompromis skal opdages og isoleres så hurtigt som muligt. Sikkerhedskontrol skal anvendes på hvert lag og hvert trin i datalivscyklussen.

Mikrosegmenter netværket: Netværket skal opdeles i små og isolerede segmenter, der har deres egne sikkerhedspolitikker og kontroller. Hvert segment skal have en klar grænse og et defineret formål. Kommunikation mellem segmenter skal begrænses og reguleres. Dette reducerer angrebsoverfladen og forhindrer den laterale bevægelse af angribere inden for netværket.

Omfavn automatisering og orkestrering: Sikkerhedspolitikkerne og -kontrollerne skal automatiseres og orkestreres ved hjælp af softwaredefinerede værktøjer og teknikker. Dette muliggør hurtigere og mere konsekvent håndhævelse af politikker og kontroller på tværs af netværket. Det muliggør også realtidstilpasning af politikker og kontroller baseret på det skiftende trussellandskab og forretningskrav.

Biometrisk autentificering til støtte for Zero Trust-arkitektur

Biometrisk autentificering kan understøtte nul tillid-arkitektur ved at give stærk og kontinuerlig verifikation af brugerens identitet og kontekst. Biometrisk autentificering kan forbedre sikkerheden og anvendeligheden af adgangskontrolsystemer på følgende måder:

Biometrisk autentificering kan give en højere grad af sikkerhed end adgangskodebaseret autentificering, da den er afhængig af brugerens iboende egenskaber, som er svære at efterligne. Biometrisk autentificering kan forhindre almindelige angreb såsom phishing, loginoplysninger eller krakning af adgangskode.

Det kan give en mere bekvem og brugervenlig oplevelse end adgangskodebaseret godkendelse, da det eliminerer behovet for at huske adgangskoder. Biometrisk autentificering kan forbedre brugertilfredsheden og produktiviteten.

Det kan give en mere dynamisk og adaptiv verifikation end adgangskodebaseret autentificering, da det kan fange ændringerne i brugerens adfærd eller kontekst over tid. Biometrisk autentificering kan muliggøre risikobaseret autentificering, som justerer verifikationsniveauet baseret på risikoniveauet forbundet med brugeren eller ressourcen.

Det kan også give en mere kontinuerlig verifikation end adgangskodebaseret godkendelse, da det kan overvåge brugerens aktivitet eller tilstedeværelse under hele sessionen. Biometrisk autentificering kan muliggøre kontinuerlig autentificering, som verificerer brugerens identitet med jævne mellemrum eller ved kritiske begivenheder.

Udfordringer og bedste praksis for biometrisk autentificering

Biometrisk autentificering er ikke en sølvkugle for sikkerheden, og den står også over for nogle udfordringer og begrænsninger, der skal løses. Nogle af disse udfordringer er:

Privatliv: Biometriske data er følsomme personoplysninger, der kan afsløre oplysninger om brugerens identitet, helbred, etnicitet eller præferencer. Biometriske data skal indsamles, opbevares, behandles og transmitteres med brugerens samtykke og i overensstemmelse med de relevante love og regler. Biometriske data skal også beskyttes mod uautoriseret adgang, offentliggørelse eller misbrug af tjenesteudbyderen eller tredjeparter.

Nøjagtighed: Biometriske systemer er ikke perfekte og kan give fejl ved at matche de biometriske data med den lagrede skabelon. Disse fejl kan resultere i falske positiver (accepterer en bedrager) eller falske negativer (afvisning af en legitim bruger). Biometriske systemer skal kalibreres og testes for at opnå optimal ydeevne og minimere fejl.

Spoofing: Biometriske systemer kan være sårbare over for spoofingangreb, hvor en angriber forsøger at narre systemet ved at præsentere en falsk biometrisk prøve såsom et falsk fingeraftryk, foto, video eller en stemmeoptagelse. Biometriske systemer skal implementere anti-spoofing-teknikker såsom liveness-detektion for at forhindre spoofing-angreb.

Brugeraccept: Biometriske systemer kan møde modstand fra nogle brugere, der kan opfatte dem som påtrængende eller upålidelige. Biometriske systemer skal sikre brugeraccept ved at give klar information, uddannelse og feedback om fordele, risici og muligheder ved biometrisk autentificering. Biometriske systemer skal også tillade brugerens valg og kontrol over deres biometriske data.

Nogle bedste fremgangsmåder for biometrisk godkendelse er:

Brug biometri som en del af et multifaktorautentificeringsskema, hvor biometri kombineres med en anden faktor såsom en adgangskode eller en kode. Dette kan give et ekstra lag af sikkerhed og afbøde virkningen af biometriske fejl eller spoofing.

Brug biometri som en del af en nul-tillidsarkitektur, hvor biometri er integreret med andre sikkerhedskomponenter såsom identitets- og adgangsstyring, netværkssegmentering, datakryptering eller trusselsdetektion. Dette kan give en adaptiv sikkerhedsløsning, der kan beskytte dataene mod angreb.

F. Quantum Computing og Post-Quantum Cryptography

Quantum computing er et felt i hastig udvikling, der lover at revolutionere mange områder inden for videnskab og teknologi såsom kunstig intelligens, kryptografi, optimering, simulering og maskinlæring. Kvantedatabehandling udgør dog også en alvorlig trussel mod sikkerheden af nuværende kryptografiske systemer, der er meget brugt til at beskytte oplysningernes fortrolighed, integritet og ægthed.

Hvad er kvanteberegning?

Kvanteberegning er et beregningsparadigme, der er afhængig af kvantemekanikkens principper, såsom superposition, sammenfiltring og interferens. I modsætning til klassiske computere, der bruger bits (binære cifre), der kun kan være i en af to tilstande (0 eller 1), bruger kvantecomputere qubits (kvantebit), der kan være i en superposition af begge tilstande på samme tid. Det betyder, at en qubit kan repræsentere både 0 og 1 med en vis sandsynlighed, indtil den måles og kollapser til en bestemt tilstand.

Desuden kan qubits være viklet ind i hinanden, hvilket betyder, at deres tilstande er korrelerede, selv når de er fysisk adskilt. Dette gør det muligt for kvantecomputere at udføre parallelle operationer på flere qubits samtidigt og udnytte kvanteinterferens til at forstærke sandsynligheden for det ønskede resultat og annullere de uønskede. Som følge heraf kan kvantecomputere potentielt løse nogle problemer meget hurtigere end klassiske computere, især dem, der involverer at finde mønstre eller faktorer i store datasæt.

Hvordan kan kvantecomputere bryde kryptografi?

Kryptografi er afhængig af to typer algoritmer: symmetriske nøglealgoritmer og offentlige nøglealgoritmer. Symmetriske nøglealgoritmer bruger den samme hemmelige nøgle til både kryptering og dekryptering, mens offentlige nøglealgoritmer bruger forskellige nøgler til kryptering og dekryptering, hvor den ene nøgle er offentlig og den anden er privat.

Sikkerheden ved symmetriske nøglealgoritmer afhænger af vanskeligheden ved at finde den hemmelige nøgle med brute force, dvs. at prøve alle mulige nøgler, indtil man finder den rigtige. Sikkerheden af offentlige nøglealgoritmer afhænger af vanskeligheden ved at løse visse matematiske problemer, der er nemme at udføre i én retning, men svære at vende, såsom at finde primfaktorerne for et stort tal eller finde den diskrete logaritme af et tal i et endeligt felt. Disse problemer er kendt som hårde problemer eller falddørsfunktioner.

Kvanteberegning kan bryde nogle af de mest populære kryptografiske algoritmer ved at bruge specielle kvantealgoritmer, der kan løse disse svære problemer meget hurtigere end klassiske algoritmer. Den mest berømte kvantealgoritme er Shors algoritme, som kan faktorisere store tal og finde diskrete logaritmer i polynomisk tid, altså i tid proportional med en vis styrke af størrelsen af inputtet. Det betyder, at Shors algoritme kan bryde public-key algoritmer som RSA, Diffie-Hellman og Elliptic Curve Cryptography, som er meget brugt til nøgleudveksling og digitale signaturer.

En anden kvantealgoritme, der kan true kryptografi, er Grovers algoritme, som kan finde et element i en usorteret database eller en løsning på en boolsk funktion i kvadratrodstid, altså i tid proportional med kvadratroden af inputstørrelsen. Det betyder, at Grovers algoritme kan fremskynde brute force-angreb mod symmetriske nøglealgoritmer som AES og SHA-2, som er meget brugt til kryptering og hashing.

Hvad er de mulige løsninger for at afbøde denne trussel?

Truslen fra kvantedatabehandling mod kryptografi har motiveret forskere til at udvikle nye kryptografiske algoritmer, der er modstandsdygtige over for kvanteangreb. Disse algoritmer er samlet kendt som post-kvantekryptografi eller kvanteresistent kryptografi.

Post-kvantekryptografi er baseret på matematiske problemer, der menes at være svære for både klassiske og kvantecomputere, såsom gitterproblemer, multivariate problemer, kodebaserede problemer eller hash-baserede problemer.

Post-kvantekryptering har til formål at give tilsvarende eller bedre sikkerhed end nuværende kryptografiske algoritmer, samtidig med at rimelig effektivitet og kompatibilitet med eksisterende systemer opretholdes. Postkvantekryptografi er dog stadig et aktivt forskningsområde, og mange udfordringer mangler at blive løst, før det kan vedtages bredt. Nogle af disse udfordringer omfatter:

- Beviser sikkerheden og hårdheden af post-kvantealgoritmer under realistiske antagelser og modeller.
- Evaluering af ydeevnen og skalerbarheden af postkvantealgoritmer med hensyn til hastighed, hukommelse, båndbredde og strømforbrug.
- Udvikling af standarder og protokoller til postkvantealgoritmer, der sikrer interoperabilitet og overensstemmelse med eksisterende systemer.
- Test og validering af post-kvantealgoritmer mod potentielle angreb og sårbarheder.
- Uddanne og øge bevidstheden blandt brugere og interessenter om behovet og fordelene ved post-kvantekryptografi.

Quantum computing er et tveægget sværd til cybersikkerhed. Det kan tilbyde nye muligheder for at forbedre sikkerheden og privatlivets fred, men det kan også udgøre en alvorlig trussel mod sikkerheden i de nuværende kryptografiske systemer. Derfor er det vigtigt at forberede sig på fremkomsten af kvantecomputere ved at udvikle og implementere post-kvantekryptografi, som kan sikre den langsigtede informationssikkerhed i kvanteæraen.

KONKLUSION

Vi har undersøgt forskellige aspekter af cybersikkerhed og de trin, du kan tage for at beskytte dine oplysninger og systemer mod angreb. Afslutningsvis håber jeg, at denne bog har givet dig en klar forståelse af de forskellige aspekter af cybersikkerhed og de skridt, du kan tage for at beskytte dine oplysninger og systemer mod angreb. Uanset om du er en enkeltperson eller en virksomhed, er det vigtigt at være opmærksom på de trusler, du kan blive udsat for, og at tage de nødvendige skridt til at sikre dine oplysninger. Du vil være bedre rustet til at forsvare dig mod cyberangreb og reagere effektivt på sikkerhedshændelser ved at forstå nøglebegreberne og emnerne i denne bog.

Endelige tanker og anbefalinger til forbedring af internetsikkerheden

Internettet er et enormt landskab i konstant udvikling, der byder på enorme muligheder for kommunikation, handel og informationsudveksling. Det giver dog også betydelige sikkerhedsudfordringer, som kræver konstant årvågenhed, opmærksomhed og handling. I denne bog har vi udforsket de mange facetter af internetsikkerhed. Som vi har set, er truslerne mod internetsikkerhed mange og forskellige, lige fra phishing-angreb og malware-infektioner til databrud og uautoriseret adgang. Disse trusler kan have ødelæggende konsekvenser, herunder tab af følsomme oplysninger, tyveri af intellektuel ejendom eller afbrydelse af kritiske systemer og tjenester.

For at afbøde disse risici er det vigtigt at anvende en flerlagstilgang til internetsikkerhed, der omfatter en kombination af tekniske organisatoriske og uddannelsesmæssige foranstaltninger. Tekniske foranstaltninger omfatter udrulning af sikkerhedssoftware og -hardware, implementering af sikkerhedsprotokoller og -standarder og regelmæssig opdatering og patching af systemer og software. Organisatoriske foranstaltninger omfatter udvikling af sikkerhedspolitikker og -procedurer, gennemførelse af regelmæssige sikkerhedsaudits og -vurderinger og indsættelse af uddannet sikkerhedspersonale. Uddannelsesmæssige foranstaltninger omfatter træning af medarbejdere og brugere i vigtigheden af sikkerhed og anerkendelse af sikkerhedstrusler samt levering af sikkerhedsbevidsthedsprogrammer og -uddannelse.

Ud over disse foranstaltninger er det vigtigt at holde sig orienteret om den seneste udvikling inden for internetsikkerhed og at vedtage bedste praksis og nye teknologier, efterhånden som de bliver tilgængelige. Dette kan omfatte vedtagelse af cloud-baserede sikkerhedsløsninger, brug af mobile device management-værktøjer, implementering af sikkerhedsinformation og hændelsesstyringssystemer og implementering af blockchain-baserede løsninger.

Et andet vigtigt aspekt ved at forbedre internetsikkerheden er at dyrke en sikkerhedskultur i organisationer og blandt brugere. Det betyder at fremme en fælles forståelse af vigtigheden af sikkerhed og en forpligtelse til at beskytte følsomme oplysninger og kritiske systemer. Det betyder også, at man tilskynder til aktiv involvering i sikkerhedsinitiativer og -programmer samt en vilje til at rapportere sikkerhedshændelser og deltage i hændelsesbestræbelser.

Beskyttelse af internetsikkerhed kræver løbende indsats og opmærksomhed, samt aktiv deltagelse af alle interessenter. Ved at følge bedste praksis, holde sig informeret og anvende en flerlags tilgang kan organisationer og brugere i høj grad reducere de risici, der er forbundet med brugen af internettet, og sikre beskyttelsen af følsomme oplysninger og kritiske systemer.

Jeg håber, at denne bog har været informativ og nyttig til at hjælpe dig med at forstå de mange aspekter af internetsikkerhed og de skridt, du kan tage for at beskytte dine systemer og data. Tak fordi du læste.

Forslag til yderligere læsning og yderligere ressourcer om cybersikkerhed

Der er et væld af information tilgængelig om internetsikkerhed. Uanset om du ønsker at uddybe din forståelse eller blot gå i gang inden for området, er der noget for enhver smag. Jeg vil tage et kig på nogle forslag til yderligere læsning og yderligere ressourcer, der vil hjælpe dig med at udvide din viden om internetsikkerhed.

Bøger

"Computer Security Fundamentals" af Chuck Easttom

Denne omfattende vejledning giver et stærkt fundament inden for computersikkerhed, herunder nøglekoncepter, teknologier og bedste praksis. Det er ideelt for alle, der ønsker at forstå det grundlæggende i computersikkerhed, fra studerende til professionelle.

"Cryptography Engineering: Design Principles and Practical Applications" af Niels Ferguson, Bruce Schneier og Tadayoshi Kohno

Denne bog giver et dybdegående kig på kryptografi og dækker alt fra det grundlæggende til de mest avancerede koncepter. Uanset om du er en erfaren kryptografiker eller lige er begyndt, er denne bog en fremragende ressource.

"Incident Response & Computer Forensics" af Chris Prosise, Kevin Mandia, Matt Pepe og Andrew Whitaker

Denne bog er en omfattende guide til hændelsesreaktion og computerefterforskning og giver praktiske råd om, hvordan man forbereder sig på og reagerer på sikkerhedshændelser. Det er en ideel ressource for sikkerhedsprofessionelle og it-chefer, der ønsker at være forberedt på det værste.

Online ressourcer

SANS Instituttet

SANS Institute er en førende udbyder af informationssikkerhedsuddannelse, certificeringer og forskning. De tilbyder en bred vifte af onlineressourcer, herunder artikler, whitepapers og webinarer, der giver dybdegående information om en række sikkerhedsemner.

OWASP (Open Web Application Security Project)

OWASP er en non-profit organisation dedikeret til at forbedre sikkerheden af software. De giver et væld af oplysninger, herunder forskning, bedste praksis og værktøjer, for at hjælpe organisationer med at forbedre deres sikkerhedsposition.

US-CERT (United States Computer Emergency Readiness Team): US-CERT er en afdeling af Department of Homeland Security og leverer advarsler, bulletiner og andre ressourcer til at hjælpe organisationer med at reagere på cybertrusler.